창비신서 119

역사적 자본주의/자본주의 문명

이매뉴얼 월러스틴 지음

나종일·백영경 옮김

창비

한국어판 저자 서문

우리가 현대 세계사의 새로운 단계, 즉 미국의 헤게모니와 냉전이 끝난 이후의 단계에 들어서고 있는 이때, 이제까지 세계가 꽤 오랫동안 살아온 역사적 체제, 즉 역사적 자본주의 체제 안에서 우리가 여전히 살고 있다는 사실을 잊지 말아야 할 것이다.

오늘날 우리가 이 구조의 새로운 국면에 처해 있는 것은 사실이라 할지라도 그 기본구조에는 여전히 변함이 없다. 이 책은 이러한 기본구조, 즉 그 변함없는 특징·모순점·궤도 등을 분석하고, 하나의 역사적 체제로서의 그 공과를 평가하고자 하는 것이다.

역사적 체제들은 영구적인 것이 아니라는 바로 그 이유 때문에, 그것들은 발전하고, 그리고 마침내는 우리가 현실적으로 갖가지 역사적 선택을 하지 않으면 안되는 역사상의 위기를 만들어낸다. 그래서 그같은 역사적 체제들이 어떻게 작동하는가를 정확하게 이해하려고 노력하는 것은 의미있는 일인 것이다. 우리는, 사람들이 모든 체제를 유지하기 위해 또 그 부정적인 특성들은 잘 보이지 않되 그 긍정적인 특성들은 잘 보이도록 만들어낸 이데올로기적 장막의 이면을 밝혀내고자 힘써야 한다.

21세기가 눈앞에 다가왔다. 21세기에는 세계적인 힘이 유럽 저 뒤켠에서 아시아로 옮아올지도 모른다. 21세기에는 우리의 현체제에 커다란 위기가 닥쳐올지도 모른다. 아니 아마도 닥쳐올 것이다. 그것은 확실히 새로운 지적 개념, 아마 완전히 새로운 지식구조의 출현을 기록할 것이다. 우리는 지금 집단적 성찰이 필요한 순간에 처해 있다.

우리 인간의 공동목표, 즉 우리가 세우고자 하는 세계에 대한 이러한 성찰에 건설적으로 기여할 수 있기를, 저자 그리고 이 책의 한국인 독자들, 모두 다같이 희구하자.

1993년 2월 15일
이매뉴얼 월러스틴

차 례

제 1 부

역사적 자본주의

서 언

이 책을 쓰게 된 직접적인 동기는 두 군데서 잇따라 그런 요청을 해온 데 있다. 1980년 가을 띠에리 빠꼬(Thierry Paquot)한테서 짤막한 책 한 권을 써달라는 요청을 받았는데, 그것은 그가 빠리에서 편집하고 있는 총서물을 위한 것이었다. 그는 주제를 '자본주의'로 했으면 한다고 했다. 원칙적으로 나는 기꺼이 그럴 생각이 있는데, 다만 주제를 '역사적 자본주의'(Historical Capitalism)로 했으면 한다고 대답했다.

자본주의에 관해서는 이제까지 맑스주의자들과 정치적 좌파 계열에 속하는 다른 사람들이 많은 글을 써왔지만, 그런 글들은 대개 다음과 같은 두 가지 잘못 가운데 어느 하나를 저지르고 있다는 생각이 들었다. 그중 한 가지는 기본적으로 논리-연역적 분석들인데, 이런 분석들은 먼저 자본주의의 본질로 여겨지는 것에 대해 정의를 내리고 나서, 그것이 여러 장소와 시기에 제각기 어느 정도로 발전해왔는가를 살펴본다. 다른 한 가지는 최근의 어느 시점에 일어났다고 생각되는 자본주의체제의 커다란 변형들을 중점적으로 분석한 것인데, 이런 분석들에서는 이전의 시점들 전체가 현재의 경험적 현실을 비추어보기 위한 하나의 신화적 배경막

(foil) 구실을 할 따름이었다.

내 생각에 시급한 일, 그리고 어떤 의미에서 최근에 나의 온 힘을 쏟아부은 과제는 자본주의를 하나의 역사적 체제로 보고, 그것을 그 전체 역사에 걸쳐 그리고 구체적이고 독특한 실체로서 다루는 것이었다. 그래서 나는 이 실체를 기술하고, 늘 변화해온 것과 전혀 변화하지 않은 것을 정확히 가려내는 일을 내 과업으로 삼았다(이렇게 될 때 우리는 그 모든 실체를 하나의 이름으로 뭉뚱그려 표현할 수 있을 것이다).

다른 많은 사람들처럼 나도 이 실체를 하나의 통합된 전체라고 믿는다. 그러나 이렇게 주장하는 많은 사람들은 남들의 견해를 '경제주의'라느니 아니면 문화적 '관념론'이라느니 또는 정치적, '주의주의(主意主義)적'(voluntaristic) 요소들을 지나치게 강조한다느니 공격하는 가운데 그런 주장을 펴고 있다. 이런 비판들은 대부분 자체의 성격으로 말미암아 오히려 자신이 비난하고 있는 상대방의 잘못과 정반대되는 잘못에 빠져들기 일쑤다. 그렇기 때문에 나는 이 통합된 실체가 경제, 정치, 문화-이데올로기 등의 분야에서 제각기 어떻게 표출되었는가를 낱낱이 밝힘으로써 그 전체상을 똑바로 드러내 보이고자 힘써온 것이다.

이 책을 쓰기로 원칙상 동의하고 난 지 얼마 안 되어 하와이대학 정치학과에서 일련의 강의를 맡아달라는 제의가 들어왔다. 나는 1982년 봄에 행한 이 강의를 기회로 삼아 이 책을 쓰게 되었다. 처음 세 장의 원고는 하와이대학에서 발표되었는데, 활기찬 청중들이 아낌없는 논평과 비판을 가해준 데 대해 고맙게 생각한다. 그런 논평과 비판 덕분에 처음 발표문을 꽤 많이 손질할 수 있었다.

한 가지 잘된 일은 제4장을 덧붙일 수 있게 된 점이다. 강의를

해가면서 밝혀내야 할 한 가지 문제가 여전히 남아 있음을 깨닫게
되었는데, 그것은 진보의 불가피성에 대한 믿음이 마치 땅속 깊숙
이 숨어 있는 거대한 힘처럼 널리 퍼져 있다는 사실이었다. 나는
이 믿음 때문에 우리가 우리 앞에 놓인 진정한 역사적 선택의 길
을 제대로 이해하지 못하고 있음을 또한 깨달았다. 그래서 이 문
제에 맞부딪치기로 마음먹은 것이다.

끝으로 칼 맑스(Karl Marx)에 관해서 한마디하겠다. 그는 근대
지성사와 정치사에서 기념비적인 인물이다. 그는 개념적으로 풍부
하고, 도덕적으로 우리의 힘을 북돋워주는 위대한 유산을 우리에
게 남겨 주었다. 그러나 자신은 맑스주의자가 아니라고 그가 말한
것을 보고, 우리는 그 말을 진지하게 받아들여야지 한낱 말장난
(*bon mot*)이려니 하고 웃어 넘겨서는 안될 것이다.

그의 제자라고 자처하는 많은 사람들이 흔히 놓치고 있는 것과
는 달리, 그는 자신이 19세기 사람이라는 사실, 그래서 그의 전망
(vision)이 그 사회의 현실에 의해서 제약받을 수밖에 없다는 사실
을 알고 있었다. 그는 여느 사람들과는 달리, 하나의 이론적 공식
은 그것이 명시적 또는 암묵적으로 공격하고 있는 다른 또 하나의
공식과 관련해서 이해되고 이용될 수 있을 뿐이라는 점, 그리고
그것은 다른 전제들에 근거를 둔 다른 문제들에 관한 공식들과는
전혀 상관이 없다는 점을 깨닫고 있었다. 또 그는 여느 사람들과
는 달리, 자신의 저작 가운데서 자본주의를 하나의 완성된 체제
(그처럼 완성된 체제는 역사상 한번도 실제로 존재한 적이 없었
다)로서 설명하는 것과 자본주의세계의 구체적인 일상적 현실에
대해 분석하는 것 사이에는 어떤 상충점이 있다는 것을 알고 있었
다.

따라서 우리는 그의 저작들을 오로지 현명한 방식으로——즉

그가 실제로 알고 있던 것만큼 알고 있던 한 투쟁동지가 따랐던
방식으로 —— 이용하도록 하자.

1. 만물의 상품화: 자본의 생산

자본주의는 우선 무엇보다도 하나의 역사적 사회체제다. 그 기원과 작동 또는 현재의 전망 등을 이해하기 위해서는 현존하는 그 실체를 관찰해야만 한다. 물론 우리는 그 실체를 일련의 추상적 진술로 요약할 수도 있을 것이다. 그러나 실체를 판단하고 분류하는 데 이같은 추상적 진술을 이용하는 것은 어리석은 짓일 것이다. 그래서 나는 그대신 자본주의가 이제까지 실제로 어떠한 것이었는가, 하나의 체제로서 어떻게 작동해왔는가, 왜 이런 방식으로 발전해왔는가, 또 그것은 지금 어디로 나아가고 있는가를 기술하는 데 힘쓸 작정이다.

자본주의란 말은 자본에서 유래한다. 그러므로 자본을 자본주의의 핵심적 요소라고 가정하는 것은 이치에 닿는 일일 것이다. 그러면 자본이란 무엇인가? 한 용례에 따르면, 그것은 단순히 축적된 부(富)를 가리킨다. 그러나 역사적 자본주의라는 문맥에서 사용할 때 이 말은 좀더 특수한 뜻을 지니고 있다. 그것은 그저 소비재의 재고, 기계 또는 화폐의 형태로 표시되는 물질적 사물에 대한 합법적 권리주장만을 의미하지는 않는다. 물론 역사적 자본주의에서 자본이란 말이 과거의 노동의 결과들 중에서 아직 소비되지 않고 있는 것의 축적물을 가리킨다는 데에는 여전히 변함이 없다. 그러나 이것이 전부라면 네안데르탈인의 체제에서부터 시작해서 모든 역사적 체제는 자본주의적이었다고 말할 수 있을 것이다. 왜냐하면 모든 역사적 체제는 다같이 과거의 노동을 구체화한 어떤 축적된 부를 가지고 있었기 때문이다.

이른바 역사적 자본주의라고 하는 역사적 사회체제의 특징은 이 역사적 체제 안에서 사람들이 자본을 매우 특수한 방식으로 사용(투자)하게 되었다는 점이다. 즉, 사람들이 자본을 자기확장이라는 일차적 목적이나 의도를 가지고 사용하게 된 것이다. 이 체제 안에서 과거의 축적물은 그것이 오직 더 많은 축적을 위해서 사용될 때에만 '자본'이었다. 앞으로 살펴보겠지만, 그 과정은 다분히 복잡하고 심지어는 뒤틀린 것이었다. 그러나 우리가 자본주의적이라고 할 때 이 말은 자본소유자의 이같이 가혹하고 지나치게 이기적인 목표, 즉 더욱더 많은 자본의 축적, 그리고 이 목표를 달성하기 위해 이들 자본소유자가 다른 사람들과 맺어야만 했던 관계 따위를 가리키는 것이다. 확실히 이러한 목적만이 전부는 아니었다. 생산과정에는 이밖에 고려해야 할 다른 목적들도 끼여들었다. 하지만 문제는 이런 목적들이 서로 충돌했을 때 그중 어느 것이 우선시되었는가 하는 점이다. 일정 기간 이상으로 자본의 축적이 으레 다른 목표들보다 우선하는 때에는 언제나 자본주의체제가 작동하고 있다 해도 괜찮을 것이다.

한 개인이나 개인들의 집단이 더욱더 많은 자본을 획득하기 위하여 자본을 투자하겠다는 생각을 갖게 되는 것은 물론 어느 시대에나 있을 수 있는 일이었다. 그러나 특정한 역사적 시점 이전에는 그러한 개인들이 이같은 일을 성공적으로 수행하기란 결코 쉬운 일이 아니었다. 자본주의 이전의 여러 체제하에서 길고 복잡한 자본축적 과정은 거의 언제나 이곳 저곳에서 가로막혔다. 심지어 자본축적의 원초적 조건이 존재한 경우, 즉 아직 소비되지 않은 재화가 한두 사람의 수중에 소유되거나 집중되어 있는 경우에도 그랬다. 이른바 자본가라는 사람은 항상 사용 가능한 노동력을 획득해야만 했는데, 그것은 그런 노동을 하도록 유인하거나 강요할 수 있는 사람들이 존재해야 함을 의미하는 것이었다. 일단 노동자들을 획득해서 재화가 생산되면 어떻게든 이 재화를 시장에 내다 팔아야만 했는데, 그것은 일정한 분배제도와 함께 그 재화를 구입할 수단을 가진 구매자집단이 또한 있어야 함을 의미하는 것이었다. 재화는 (판매 시점에서) 판매자가 부담한 총비용보다 더 높은 가격으로 판매되어야만 했으며, 게다가 이 차이의 폭이 판매자 자신의 생존에 필요한 액수보다 더 커야만 했다. 오늘날의 용어로 이른바 이윤이 있어야만 했다. 게다가 이윤의 소유자는 그것을 투자하기에 알맞은 기회가 나타날 때까지 그것을 보유할 수 있어야만 하며, 그럼으로써 이 모든 과정이 생산의 지점에서 새롭게 시작되어야만 했다.

사실 근대 이전에 이같은 연쇄적인 과정(때로는 이것을 자본의 순환이라 한다)이 완결되는 일은 거의 없었다. 그 한 가지 이유는 이전의 역사적 사회체제 안에서는 이 연쇄의 여러 연결고리들이 정치적·윤리적 권위의 소유자들에게 비합리적이고/이거나 비윤리적인 것으로 생각되었기 때문이다. 그러나 여기에 간섭할 만한 힘을 가진 사람들이 직접 간섭하지 않았던 경우에도, 이러한 과정은 그중의 어느 한 요소 또는 몇몇 요소들을 이용할 수 없음으로 말미암아──즉 화폐 형태로 축적된 저축, 생산자가 이용할 수 있는 노동력, 분배조직망, 구매하는 소비자들이 없음으로 말미암아──중단되기 일쑤였다.

하나 또는 몇몇 요소들이 빠져 있었던 것은, 이전의 역사적 사회체제하에서는 이런 요소들이 아예 '상품화'되어 있지 않았거나 충분히 '상품화'되어 있지 않았기 때문이다. 무슨 뜻인가 하면, 그 과정이 어떤 '시장'을 통해서 수행될 수 있거나 수행되어야 하는 것으로 여겨지지 않았다는 말이다. 그러므로 역사적 자본주의는 종전까지 '시장'을 거치지 않고 처리되어온 여러 과정들──비단 교환과정만이 아니라 생산과정, 분배과정 그리고 투자과정 들──의 광범한 상품화를 수반하는 것이었다. 그리고 점점 더 많은 자본의 축적을 추구하는 과정에서, 자본가들은 경제생활의 전분야에 걸쳐 더욱더 많은 사회과정들을 상품화하고자 노력해왔다. 자본주의는 하나의 이기적인 과정이기 때문에 어떠한 사회적 관계도 그 본질상 이 상품화의 경향에서 벗어날 수가 없었다. 자본주의의 역사적 발전 속에는 만물의 상품화를 향한 집요한 추세가 들어 있었다고 말할 수 있는 이유가 바로 여기에 있는 것이다.

하지만 여러 사회과정들을 상품화하는 것만으로 충분한 것은 아니었다. 생산과정들은 복잡한 상품연쇄 안에서 서로 연결되어 있었다. 가령 자본주의의 역사적 시기 전체를 통해서 널리 생산되고 판매되어온 전형적인 생산품목 가운데 하나인 의류에 대해서 생각해보자. 의류라는 품목 하나를 생산하기 위해서는 이를테면 옷감과 실, 어떤 종류의 기계 그리고 노동력이 최소한 필요하다. 그러나 이 모든 품목들 역시 하나하나 생산되어야만 한다. 그리고 이 갖가지 품목들을 생산하는 데 들어가는 품목들 역시 그것들 나름대로 생산되어야만 한다. 이같은 상품연쇄의 하위과정(subprocess)

하나하나가 모두 다 상품화되는 것이 필연적인 일은 아니었으며
—— 심지어 일반적인 현상도 아니었다. 앞으로 보겠지만, 실은
상품연쇄의 모든 연결고리들이 실제로 다 상품화되어 있지는 않을
때 이윤이 오히려 더 큰 경우가 종종 있다. 분명한 것은 이러한
상품연쇄에서는 분산되어 있는 노동자들이 아주 많다는 점인데,
이들 노동자들은 대차대조표에서 비용의 항목에 기재되는 어떤 종
류의 보수를 받고 있는 사람들이다. 이들보다는 훨씬 적지만 보통
은 역시 분산되어 있는 사람들(게다가 보통은 경제적 동업자로서
결합되어 있는 것이 아니라 별개의 경제주체로서 움직이고 있는
사람들)이 또한 존재하는데, 이들은 그 상품연쇄 안에서 그 연쇄
의 총생산비용과, 최종 생산품의 처분으로 실현되는 총수입 사이
의 최종적인 차액을 어떤 식으로든 나누어 갖는다.

여러 생산과정들을 연결하는 이같은 상품연쇄가 일단 존재하게
되면, 개별 '자본가들' 모두를 합친 전체 자본가층의 축적률은, 마
진의 변동이 상당히 클 수 있는 어떤 상황 아래서 그런 마진 폭을
얼마나 넓힐 수 있느냐 하는 데에 분명히 달려 있었다. 그러나 개
별 자본가들의 축적률은 '경쟁'과정에 달려 있었다. 즉 좀더 총명
한 판단력, 좀더 뛰어난 노동통제 능력, 그리고 정치적 결정에 따
라 특정한 시장기능에 대하여 가해지는 여러 제약들(보통 '독점'이
라고 하는 것)을 좀더 쉽게 이용할 수 있는 사람들에게 더 많은
대가가 돌아가게 마련이었다.

바로 이러한 사실에서 자본주의체제의 첫번째 기본적인 모순이
나오게 되었다. 하나의 계급으로서의 자본가 전체를 놓고 보자면
일체의 생산비용을 감소시키는 것이 이익이었을 테지만, 실상 이
러한 비용감소는 특정 자본가들에게만 유리하고 다른 자본가들에
게는 불리한 경우가 적지 않았다. 그렇기 때문에 이들 중에는 전

18

체 자본가계급에게 돌아가는 전체 마진은 크더라도 자기 몫이 작
은 것보다는 차라리 전체 마진은 더 작더라도 자기 몫이 더 큰 것
을 선호하는 자들도 있었다. 게다가 이 체제에는 두번째의 기본적
인 모순이 있었다. 더욱더 많은 자본이 축적되고, 더욱더 많은 과
정들이 상품화되며, 더욱더 많은 상품이 생산됨에 따라, 그러한
흐름을 유지하는 데 관건이 되는 한 가지 조건은 더욱더 많은 구
매자가 있어야 한다는 것이었다. 그러나 이와 동시에 생산비용을
줄이기 위한 많은 노력들은 종종 화폐의 흐름과 분배를 축소시키
고, 그 결과 축적과정을 완결하는 데 필요한 구매자의 꾸준한 확
대를 가로막았다. 그런가 하면 이와 반대로, 구매자망을 확대하기
위해 총이윤을 재분배하는 것은 종종 이윤의 총마진을 감소시켰
다. 그래서 개별 기업가들은 (가령 저마다 노동비용을 떨어뜨리는
방법으로) 자신의 기업에 유리한 방향으로 밀고 나가면서, 그와
동시에 (집단적 계급의 한 구성원으로서) 전체 구매자망을 확대시
키려고 노력하였다(이는 적어도 어떤 생산자들에 대해서는 노동비
용의 증가를 수반하게 마련이었다).

　이처럼 자본주의의 경제학은 이제까지 축적을 극대화하려는 합
리적 의도에 의해서 지배되어왔다. 그러나 기업가들에게 합리적인
것이 노동자들에게도 반드시 합리적인 것은 아니었다. 그리고 더
욱 중요한 것은, 하나의 전체적 집단으로서의 모든 기업가들에게
합리적인 것이 어느 특정 기업가에게나 반드시 합리적인 것은 아
니었다는 점이다. 따라서 모든 사람들이 제각기 자기자신의 이익
을 추구하고 있었다고 말하는 것만으로는 충분치 않다. 각 개인이
자기 이익을 좇아 나아가다 보면 종종 그들은 아주 '합리적으로'
행동한다면서 실은 자가당착적인 행동을 취했던 것이다. 그렇기
때문에 장기적인 진정한 이익을 계산하기란 매우 복잡한 것이 되

었다. 설령 자신의 이익에 대한 각자의 인식이 복잡한 이데올로기의 장막에 가려 얼마만큼 흐려져 있었고 또 왜곡되어 있었는가 하는 문제를 지금 당장은 접어둔다고 해도 말이다. 우선 당장은 역사적 자본주의가 실제로 **호모 에코노미쿠스**(*homo economicus*: 경제인)를 길러냈다고 잠정적으로 가정해두겠지만, 이 호모 에코노미쿠스도 거의 언제나 조금은 혼란된 생각을 가질 수밖에 없었다는 점을 덧붙여두어야겠다.

그러나 이러한 점이 혼란을 억제하는 하나의 '객관적' 제약요인임은 사실이다. 무지 때문이든, 어리석음 때문이든 혹은 이데올로기적 편견 때문이든, 어느 개인이 계속 잘못된 경제적 판단을 내리는 경우, 그 개인(회사)은 시장에서 살아남기가 어려웠던 것이다. 파산은 자본주의체제의 냉혹한 청소액으로서, 끊임없이 모든 경제행위자들로 하여금 잘 다져진 길에서 크게 벗어나지 않도록 해왔으며, 집단적으로 더욱더 많은 자본의 축적이 이루어지는 방식에 따라 행동하도록 그들을 다그쳐왔다.

이처럼 역사적 자본주의는 구체적이며, 시간적·공간적으로 한정된 그리고 통합되어 있는 생산활동들의 장(場)인바, 그 안에서는 끝없는 자본축적이 기본적인 경제활동을 지배 또는 통제해온 경제적 목적 혹은 '법칙'이었다. 그것은 이런 규칙에 따라 움직여온 사람들이 전반적으로 아주 커다란 영향력을 행사하게 됨으로써 그밖의 사람들도 그런 행동방식을 따라야지 그러지 않았다가는 여기에서 오는 불리한 결과를 감수해야만 하는 상황을 조성해온 그런 사회체제다. 그것은 이런 규칙들(가치의 법칙)의 적용범위가 점점 더 넓어지고, 이들 규칙의 집행자들이 점점 더 비타협적으로 되어가며, 사회조직 안으로 이같은 규칙들이 침투하는 것이 점점 더 심화되는가 하면, 심지어 이같은 규칙들에 대한 사회적 항의의 목소리까지도 날로 커지고 또 조직화되어온 그런 사회체제다.

역사적 자본주의의 의미에 대해 이같이 설명할 경우, 이것이 구체적이며, 시간적·공간적으로 한정된 그리고 통합되어 있는 그 어떤 장을 가리키는지는 사람마다 다를 것이다. 나 자신의 견해는 다음과 같다. 즉 이러한 역사적 체제는 15세기 말엽 유럽에서 탄생했는데, 시간이 지남에 따라 공간적으로 팽창하여 19세기 말엽까지는 지구 전체를 뒤덮게 되고, 그리고 지금도 여전히 지구 전체를 뒤덮고 있다. 시간적·공간적 범위에 대한 이같이 엉성한 묘사가 많은 사람들에게 의문을 불러일으킨다는 점은 나도 알고 있다. 그러나 그런 의문들은 결국 서로 다른 두 부류로 집약된다. 첫째는 경험적 사실에 대한 의문이다. 16세기에 러시아는 유럽 세계경제의 안에 있었는가 밖에 있었는가? 오스만제국은 정확히 언제 자본주의 세계체제에 편입되었는가? 어느 특정 국가 내의 어느 특정 지역이 어느 특정 시기에 자본주의 세계경제에 정말로 '통합되어 있었다'고 생각할 수 있는가? 이런 질문들은 중요하다. 질문 자체로서도 중요하고 또 그에 대답하는 가운데 역사적 자본주의의 여러 과정에 대한 우리의 분석이 더욱 정밀해질 수밖에 없다는 이유에서도 그러하다. 그러나 지금 이 자리는 그러한 논의와 정밀화작업이 계속 진행되고 있는 이 수많은 경험적 질문들에 관해서 언급할 시기도 장소도 아니다.

두번째 부류의 의문은 내가 방금 제시한 귀납적 분류의 유용성 자체에 대한 것이다. 작업장 안의 특수한 사회관계의 형태, 즉 사적 기업가가 임금노동자를 고용하고 있는 형태가 존재하지 않는 한, 자본주의가 존재한다는 말을 결코 인정하려 들지 않는 사람들이 있다. 또한 어느 특정 국가가 산업을 국유화하고 사회주의 이론에 대한 충성을 천명했을 때, 그 나라는 그런 행위와 조치를 취

함으로써 자본주의 세계체제에 대한 참여를 끝장냈다고 말하고자
하는 사람들도 있다. 이런 것들은 경험적인 질문이 아니라 이론적
인 질문에 속하는데, 그것들에 대해서는 앞으로의 토론과정에서
언급해보도록 하겠다. 하지만 그것들을 연역적인 방법으로 제기하
는 것은 무의미할 것이다. 왜냐하면 그것은 합리적 토론이 될 수
없고 단지 대립적인 신념 사이의 충돌만을 일으킬 것이기 때문이
다. 따라서 우리는 우리의 귀납적인 분류가 다른 어떤 분류보다도
더 유용하다고 주장하면서, 그것들을 발견적(heuristic) 방법으로
제기할 것이다. 왜냐하면 그렇게 함으로써 우리는 역사적 현실에
대해 현재 집단적으로 알고 있는 것의 의미를 더 쉽고 더 근사하
게 이해할 수 있으며, 또 현실을 그같이 해석함으로써 현상황에
대해 좀더 효과적으로 대처할 수 있기 때문이다.

　따라서 자본주의체제가 실제로 어떻게 작동해왔는가를 살펴보기
로 하자. 생산자의 목적이 자본축적이라고 하는 말은, 생산자가
특정 재화를 가능한 한 많이 생산해서 가장 큰 폭의 이윤이 돌아
오도록 그것을 판매할 것이라고 하는 말과 같다. 그러나 생산자는
이른바 '시장 내에' 존재하는 일련의 경제적 제약들 속에서 그렇게
할 것이다. 그의 총생산량은 원료의 투입량, 노동력, 고객 그리고
그의 투자기반을 확대하기 위한 자금력 등과 같은 것들을 (얼마간
직접적으로) 얼마나 이용할 수 있는가 그 정도에 따라 한정될 수
밖에 없다. 생산해서 이윤을 얻을 수 있는 양과 그가 요구할 수
있는 이윤 폭은 동일한 품목을 더 저렴한 가격으로 내다팔 수 있
는 경쟁자의 능력에 따라서도 한정된다. 이 경우에 그 경쟁자는
세계시장 안의 아무 곳에나 자리잡고 있는 그런 경쟁자가 아니라,
그 자신이 실제 판매하고 있는 곳(시장)과 동일한, 좀더 한정된
'지역'(local)시장(어느 특정한 경우에 그 시장이 어떻게 정의되든

지간에) 내에 자리잡고 있는 경쟁자인 것이다. 또한 그의 생산확대는 결국 '지역'시장에서의 가격하락 효과를 낳게 되며, 따라서 그것은 그의 총생산에서 실현되는 실질적인 총이윤이 실제로 감소하는 정도만큼 제약을 받게 될 것이다.

이것들은 모두 객관적인 제약들인데, 이는 곧 그런 제약들이 시장 안에서 활동하는 어느 특정 생산자나 다른 생산자들이 내리는 특정한 결정들과 무관하게 존재한다는 뜻이다. 이런 제약들은 구체적인 시간과 장소 안에 존재하는 사회적 과정 전체의 결과다. 물론 이밖에도 조작의 여지가 좀더 큰 다른 제약들이 늘 존재한다. 정부는 어떤 방식으로든 경제적 선택조건들을 변화시키고, 따라서 이윤의 폭 역시 변화시키는 여러가지 규칙들을 채택할 수도 있다. 어쩌면 이미 채택해왔다고 할 수도 있다. 특정의 한 생산자는 현존하는 규칙들의 수혜자일 수도 있고 희생자일 수도 있다. 특정의 한 생산자가 정부 당국을 움직여 정부의 규칙들을 자신에게 유리한 방향으로 변경시키려고 노력할 수도 있다.

생산자들은 자신들의 자본축적 능력을 극대화하기 위해 어떻게 활동해왔는가? 노동력은 생산과정에서 언제나 중심적이며 양적으로 중요한 요소가 되어왔다. 자본축적을 추구하는 생산자는 노동력의 서로 다른 두 측면, 즉 그것의 사용 가능성과 그 비용에 대해서 관심을 갖는다. 사용 가능성의 문제는 보통 다음과 같은 방식으로 제기되어왔다. 가령 어느 특정한 시기에 시장이 안정되어 있고 특정 생산자의 노동력 규모가 최적의 상태에 있는 경우, 사회적 생산관계가 고정되어 있다는 것(즉 특정 생산자가 사용하는 노동력이 안정되어 있다는 것)은 비용이 낮음을 의미할 것이다. 그러나 만약 그 생산품을 위한 시장이 줄어들고 있는 경우, 이처럼 노동력이 고정되어 있다면 생산자의 실질비용은 증가할 것이다. 그리고 만약 그 생산품을 위한 시장이 늘어나고 있는 경우, 노동력이 고정되어 있다면 생산자는 그러한 이윤 획득의 기회를 이용할 수 없게 될 것이다.

한편, 가변적(variable) 노동력 역시 자본가들에게 불리한 점이 있었다. 가변적 노동력이란 그 말뜻 자체가 동일한 생산자를 위해 반드시 지속적으로 일하지는 않는 노동력을 의미했다. 따라서 이런 노동자들은 생계유지라는 측면에서 실질수입의 변동을 평준화하기에 적당한 만큼의 긴 기간에 걸친 급여율에 관심을 가져왔을 것임에 틀림없다. 다시 말해서 노동자들은 급여를 받지 못한 기간까지 보전(補塡)할 수 있을 만큼 고용된 기간에 충분히 벌어들일 수 있어야만 했다. 따라서 가변적 노동력은 종종 고정된 노동력보다 더 많은 1인당, 시간당 비용을 생산자에게 부담시켰던 것이다.

어떤 모순이 있을 때, 그리고 자본주의적 생산과정의 심장부에 바로 그런 모순이 있을 때, 그 결과는 틀림없이 역사적으로 불안정한 타협이 될 수밖에 없을 것이다. 실제로 무슨 일이 일어났는지 살펴보자. 역사적 자본주의에 선행한 역사적 체제들에서는 대부분의 노동력이(결코 모든 노동력이 아니다) 고정되어 있었다. 어떤 경우에는 생산자의 노동력이 오직 그 자신 또는 그의 가족이었으며, 따라서 말 그대로 고정되어 있는 경우가 있었는가 하면, 친족관계가 아닌 노동력이 여러 법적 그리고/또는 관습적 규제(노예제, 채무예속제, 농노제, 영구차지제 등 각종 형태를 포함하는 규제)를 통해서 특정의 한 생산자에게 예속되어 있는 경우도 있었다. 때에 따라서 예속은 일생 동안에 걸치기도 했고, 때로는 그 기간이 한정되어 갱신이 가능하기도 했다. 그러나 그 기간이 한정되어 있는 경우조차도 그것은 갱신의 시점에서 현실적으로 다른 선택의 길이 있을 때에만 의미가 있었다. 그런데 이처럼 여러 제도에 따라 노동력이 고정되어 있었다는 사실이 어느 특정 노동력을 자신에게 예속시키고 있던 특정 생산자들에게게만 문제를 안겨준 것은 아니었다. 그것은 다른 모든 생산자들에게도 마찬가지로 문제를 안겨주었는데, 왜냐하면 분명히 이들은 고정되어 있지 않은 노동력을 사용할 수 있는 범위까지만 자신들의 활동영역을 확장할 수 있었기 때문이다.

많은 사람들이 흔히 설명해온 바와 같이, 이런 점들이 임노동제 성립의 기반을 이루었는데, 이 임노동제하에서는 가장 높은 임금을 주겠다고 하는 생산자에게 지속적인 고용이 가능한 일단의 사람들이 (그 수는 고하간에) 모여들었던 것이다. 우리는 이런 과정을 노동시장의 작동(operation)이라 말하고, 자신의 노동을 파는 사람들을 프롤레타리아라 말한다. 역사적 자본주의 아래서, 노동력의 프롤레타리아화가 증대해왔다고 해서, 조금도 색다를 것이 없다. 그같이 말하는 것은 참신한 것도 아닐뿐더러 놀라운 것은 더군다나 아니다. 프롤레타리아화 과정이 생산자들에게 유리하다는 점에 관해서는 이제까지 실증작업이 풍부하게 이루어져왔다. 놀라운 일은 프롤레타리아화가 그렇게 많이 진행되어왔다는 점이 아니라 그렇게 조금밖에 진행되지 않았다는 점이다. 하나의 역사적 사회체제가 줄잡아 400여 년 동안 존재해왔는데도 오늘날 자본주의 세계경제하에서 완전히 프롤레타리아화한 노동의 양은 총 50%에도 미치지 못한다고 할 수 있다.

확실히 이런 통계수치는 그것을 어떻게 측정하느냐 그리고 누구를 측정하느냐에 좌우된다. 이른바 경제적으로 활동하고 있는 노동력, 즉 보수를 받는 노동으로서 정식으로 고용할 수 있는 주로 성인 남자들에 관한 정부의 공식 통계를 사용하는 경우, 임금노동자의 비율은 오늘날 꽤 높은 편이라고 할 수 있다(이 경우에도 전세계적으로 따져보면 실제 비율은 대부분의 이론적 진술들이 가정하고 있는 것보다는 낮지만 말이다). 그러나 자신의 노동이 이런 저런 방식으로 상품연쇄 안에 편입되어 있는 모든 사람들을 고려 대상으로 한다면——그래서 사실상 모든 성년 여자 그리고 미성년 연령층과 장년기를 지난 성인 연령층(즉 연소자들과 노인들)의 아주 많은 부분도 함께 포함해서 생각한다면——이렇게 측정해서 나온 프롤레타리아의 비율은 크게 떨어지고 만다.

그뿐만 아니라 이러한 측정을 하기에 앞서 한걸음 더 나아가 고려해야 할 문제가 있다. '프롤레타리아'라는 명칭을 한 개인에게 붙이는 것이 개념상으로 유용한가? 나는 그렇게 생각하지 않는다. 역사적 자본주의하에서는 그 이전의 역사적 체제하에서와 마찬가지로 개인들이 현재의 소득과 축적된 자본이라는 공동기금을 나누어 갖는 비교적 안정된 구조들의 틀, 즉 이른바 가계(household)라고 하는 틀 속에서 생활을 꾸려가기 마련이다. 그 안으로 개인들이 들락날락함으로써 이런 가계의 경계가 끊임없이 변화하고 있다는 사실 때문에, 이들 가계가 수입과 지출 면에서 합리적인 계산의 단위가 될 수 없는 것은 아니다. 생계를 꾸려나가고자 하는 사람들은 어떤 원천으로부터 나오는 것이든 그들이 벌어들일 수 있는 모든 소득을 계산하며, 그들이 반드시 지출해야만 할 실질적 액수에 맞추어서 그 액수를 산정한다. 처음에 그들은 최소한으로 살아남으려고 한다. 그러다가 소득이 좀 늘면 마음에 드는 생활방식을 누리려고 한다. 그리고 마침내 소득이 더 많아지면 자본축적자로서 자본가 놀음에 끼여들려고 한다. 모든 실질적인 목적을 위해 이런 활동에 종사해온 경제단위는 이제까지 가계였다. 이런 가계는 보통 친족관계의 단위였지만, 그렇지 않은 때도 있었다. 적어도 언제나 친족관계의 단위였던 것은 아니다. 이런 가계는 대부분 공동거주의 형태를 취해왔지만, 상품화가 진전됨에 따라 그런 형태를 취하는 경우가 적어졌다.

노동계급에 대해 생산적 노동과 비생산적 노동 사이의 사회적 구별이 지어지기 시작한 것은 이런 가계구조의 맥락 안에서다. 사실상, 생산적 노동은 화폐취득노동(주로 임금취득노동)으로 규정되었고, 비생산적 노동은 꼭 필요한 노동임에도 불구하고 그저 '생계'활동일 뿐이며, 따라서 다른 누군가가 전유할 수 있는 '잉여'를 조금도 산출하지 못하는 노동으로 규정되었다. 후자는 전혀 상품화되지 않았거나, 소규모(그러나 이 경우에는 정말로 소규모적인) 상품생산에 종사하고 있었다. 이처럼 여러 종류의 노동을 차별하는 일은 그것들에 각각 특수한 역할을 떠맡김으로써 고정화되었다. 생산적(임금) 노동은 일차적으로 한 성인 남자, 즉 아버지의 몫이 되고, 이차적으로 가계 내의 다른 (좀더 젊은) 성인 남성들의 몫이 되었다. 비생산적(생계) 노동은 일차적으로 한 성인 여성, 즉 어머니의 몫이 되고, 이차적으로 다른 여성들 및 어린이와 노인들의 몫이 되었다. 생산적 노동은 가계 밖의 '작업장'에서 행해졌고, 비생산적 노동은 가계 안에서 행해졌다.

사실, 이러한 구분이 절대적인 것은 아니었으나, 역사적 자본주의하에서 그것은 아주 뚜렷하고도 강제적인 것이 되었다. 물론 성(性)과 연령에 따른 실질적 분업은 역사적 자본주의가 발명해낸 것은 아니었다. 어떤 일들에 대해서는 (성별, 그러나 또한 연령별) 생물학적 선행조건과 제한들이 있다는 이유만으로도 아마 그같은 구분이 늘 존재했을 것이다. 계서제(階序制)적 가족구조 및／또는 가계구조 역시 자본주의가 발명해낸 것은 아니었다. 그것 역시 오랫동안 존속해온 것이었다.

역사적 자본주의하에서 새롭게 나타난 것은 분업과, 노동에 대

한 가치평가 사이의 상관관계였다. 남자는 흔히 여자와 다른 일을
(그리고 성인은 어린이나 노인과는 다른 일을) 해왔을 것이다. 그
러나 역사적 자본주의하에서는 여자의 (그리고 어린이와 노인의)
노동에 대한 평가절하가 꾸준히 계속되어왔으며, 이와 정반대로
성인 남자 노동의 가치는 강조되어왔다. 다른 체제에서는 남성과
여성이 각기 특유한 (그러나 정상적으로는 평등한) 과업을 수행한
데 비해, 역사적 자본주의하에서는 성인 남성 임금소득자가 '빵을
벌어들이는 자'로 분류되었으며, 성인 여성 가사노동자는 '가정주
부'로 분류되었다. 이래서 전국적 통계가 작성되기 시작했을 때
── 그러한 통계 자체가 자본주의체제의 산물이지만 ── 빵을 벌
어들이는 자들은 모두 경제적으로 활동적인 노동력의 구성원으로
간주되었으나 가정주부는 그렇게 간주되지 않았다. 바로 이렇게
해서 성차별주의가 제도화되었던 것이다. 성을 구별하고 차별하는
법률적·준법률적 장치가 노동에 대한 이처럼 기본적인 차등 평가
의 발자취를 뒤따르게 된 것은 지극히 논리적인 귀결이었다.

　여기서 우리는 확장된 아동기/소년기라는 개념과 질병이나 쇠
약과 관계없는 노동력으로부터의 '은퇴'라는 개념이 또한 역사적
자본주의의 가계구조의 출현에 따른 특수한 부수현상이었음을 지
적할 수 있다. 이런 개념들은 흔히 '진보적인' 노동면제로 간주되
어왔다. 그러나 그것들은 노동을 비노동으로 재규정하는 짓이라고
하는 편이 좀더 정확할 것이다. 어린이들의 훈련활동과 은퇴한 성
인들의 자질구레한 일들에 대해서 무슨무슨 '취미활동'이라는 식의
이름을 붙이고, 그들이 '진짜' 노동의 '고역'으로부터 해방된 데
대해서 치러야 할 응분의 대가라는 식으로 그들의 노동 기여를 낮
게 평가함으로써, 이들에게 피해를 준 데다가 모욕까지 가하는 짓
을 저질러왔던 것이다.

이러한 차별은 하나의 이데올로기가 되어 노동의 상품화를 확대하는 데 기여했지만 동시에 그것을 제한하는 데에도 도움을 주었다. 가령 세계경제 내에서 실질소득(또는 모든 형태의 총수입)의 50% 이상을 가계 밖의 임금노동에서 얻어온 가계가 얼마나 되는가를 따져보면, 그 비율이 낮게 나온다는 점에 금방 놀라게 되리라고 나는 생각한다. 이것은 비단 앞선 수세기 동안에만 그랬던 것이 아니라 심지어 오늘날에도 그렇다. 비록 그 비율이 자본주의 세계경제가 역사적으로 발전한 전시기에 걸쳐 꾸준히 증대해왔을 테지만 말이다.

이것을 우리는 어떻게 설명할 수 있을까? 내 생각에 그것은 그다지 어려운 일이 아니다. 임금노동을 고용하는 생산자가 언제 어디서나 더 많이 지불하기보다는 더 적게 지불하는 쪽을 선호할 것이라고 가정할 때, 임금노동자들이 고용을 받아들일 수 있는 저임금의 수준은 그들이 한평생 몸담아온 가계의 종류에 달려 있었다. 아주 간단하게 설명하자면, 같은 수준의 효율성을 가진 똑같은 노동에 대해서, (총수입 중) 임금소득이 높은 비율을 차지하는 가계(이것을 프롤레타리아 가계라 하자)에 속한 임금노동자는 임금소득이 낮은 비율을 차지하는 가계(이것을 반(半)프롤레타리아 (semi-proletarian) 가계라 하자)에 속한 임금노동자에 비해, 그 이하의 임금으로 일하는 것이 분명히 불합리하다고 생각했을 그런 화폐임금의 최하한선을 더 높게 잡아왔다.

수용 가능한 최저임금선(minimum-acceptable-wage threshold)이라고 나 할 만한 것에 이처럼 차이가 나는 이유는 생존의 경제 (economies of survival)와 관련이 있다. 한 프롤레타리아 가계가 주로 임금소득에 의존하는 경우에는 그것으로 생존과 재생산을 위한 최저비용을 충당해야 했다. 그러나 총가계소득 중에서 임금이 차지하는 몫이 그렇게 크지 않은 가계에 속한 사람에게는, (노동시간으로 볼 때) 마땅히 자기 몫으로 요구할 수 있는 실질소득액을 밑도는——그러나 필요한 유동현금(이같은 현금의 필요는 종종 법적으로 강요되었다)을 벌어들일 수 있도록 해주는——급여율이라 해도 그러한 고용을 받아들이는 편이 오히려 합리적인 태도일 경우가 종종 있다. 그같은 고용을 받아들이지 않았다가는 임금이 지급되는 이런 노동 대신에 보수가 더욱더 낮은 노동에 종사해야만 했으니 말이다.

이래서 반프롤레타리아 가계 안에서는 다음과 같은 현상이 일어났다. 즉, 다른 형태의 실질소득을 산출(產出)하고 있던——다시 말해서 자가소비나 지역시장에서의 판매를 위해, 또는 물론 이 두 가지 다를 위해 기본적으로 가계생산에 종사하고 있던——사람들은 결국 수용된 최저임금선(minimum-accepted-wage threshold)을 떨어뜨리는 그런 잉여를 산출하고 있었는데, 이같은 비임금노동은 가계 내의 다른 구성원들에 의해서 (이들의 성이나 연령에 관계없이) 행해지는 경우가 있었는가 하면, 임금노동자 자신이 생애중 여러 다른 시점에 행하는 경우도 있었다. 이런 식으로 해서 비임금노동은 일부 생산자들로 하여금 노동력에 대한 보수를 낮출 수 있게 하고, 그럼으로써 생산비용을 낮추고 이윤의 폭을 높일 수 있도록 해주었다. 그렇다면, 일반적으로 임금노동의 고용자는 자기가 고용하는 임금노동자들이 프롤레타리아 가계보다는 오히려 반프롤레타리아 가계에 속해 있는 것을 선호할 것이라고 해서 조금도 이상할 것이 없다. 그래서 역사적 자본주의의 시간과 공간 전반에 걸친 전체적인 경험적 현실에 눈을 돌려보면, 임금노동자들이 프롤레타리아 가계에 속해 있는 경우보다는 오히려 반프롤레타리아 가계에 속해 있는 경우가 통계적으로 더 정상상태였음을 곧 깨닫게 된다. 이론적으로 따져볼 때, 문제가 어느 틈엔가 갑자기 뒤바뀌어버린 것이다. 프롤레타리아화가 존재하게 된 이유를 설명하는 데서부터 우리는 왜 그 과정이 그처럼 불완전했는가를 설명하는 데로 옮아온 것이다. 이제 한걸음 더 멀리 나아가야만 하겠다. 도대체 무슨 까닭에 프롤레타리아화는 이제까지 그나마 진전되어왔는가?

우선 말해둘 것은, 전세계적인 프롤레타리아화의 증대 현상을 주로 기업가층의 사회적·정치적 압력의 결과로 생각할 수 있을 것인지 매우 의심스럽다는 점이다. 실은 그 정반대다. 그들의 발걸음을 더디게 할 만한 동기들이 많았을 것 같다. 무엇보다도 먼저, 바로 앞에서 이야기한 것처럼, 어느 특정 지역 안에서 꽤 많은 수의 반프롤레타리아 가계들이 프롤레타리아 가계로 변형됨으로써 임금노동의 고용자들이 지급하는 실질적인 최저임금의 수준이 올라가는 경향이 있었다. 두번째로 프롤레타리아화의 증대는, 뒤에 가서 논의하겠지만, 여러가지 정치적인 영향을 끼쳤는데, 그러한 영향은 고용자들에게 부정적이면서도 또한 누적적인 것들이었고 그럼으로써 궁극적으로는 특정한 지리적·경제적 지역들 안에서의 임금지불 수준을 한층 더 끌어올리는 것들이었다. 정말이지 임금노동 고용자들은 프롤레타리아화에 대해서 너무나 열의가 없었다. 그랬기 때문에 그들은 성별·연령별 분업을 촉진시켰을 뿐만 아니라, 자신들의 고용방식을 통해 그리고 정치적 분야에서의 영향력 행사를 통해 여러 인종집단(ethnic groups)에 대한 차별적 인식을 부추기고, 이들의 노동에 대한 실질적 보수의 수준을 각각 다르게 매김으로써 이들 인종집단들을 노동력 안에서의 특정 역할들과 결부시키려고 노력했다. 인종구분(ethnicity)은 여러 유형의 반프롤레타리아 가계구조들을 단단히 묶어두는 하나의 문화적 외피를 만들어냈다. 이런 인종구분의 출현이 노동계급을 정치적으로 분열시키는 구실을 한 것은 고용자들에게는 하나의 정치적인 보너스였지만, 그렇다고 해서 그것이 이 과정의 원동력인 것은 아니었다고 생각된다.

그러나 역사적 자본주의 아래서 장기간에 걸친 프롤레타리아화가 도대체 어떻게 그나마 증대하게 되었는가를 이해하려면, 먼저 다양한 하나하나의 생산활동이 자리잡고 있는 상품연쇄의 문제로 되돌아가야만 한다. '시장'이 최초의 생산자와 최종 소비자가 만나는 장소라는 식의 소박한 상(像)은 버려야만 한다. 그런 시장터가 지금도 존재하고 또 이제까지도 늘 존재해왔다는 것은 틀림없는 사실이다. 그러나 역사적 자본주의 아래서 이처럼 시장터에서 이루어진 거래가 전체 거래 가운데 차지하는 비율은 늘 낮았다. 대부분의 거래는 긴 상품연쇄 곳곳에 자리잡은 두 중간생산자들 사이의 교환을 수반하는 것이었다. 구매자는 자신의 생산과정을 위해서 어떤 '투입물'(input)을 구입했으며, 판매자는 '반제품'(semi-finished product)을 판매했는데, 이때 반제품이란 그것을 개인적으로 직접 소비하는 최종 사용자의 견지에서 볼 때 그렇다는 것이다.

이런 '중간시장들'에서 벌어지는 가격에 관한 투쟁은, 상품연쇄의 전과정에 걸쳐 앞서의 모든 노동과정에서 실현된 이윤의 일부를 판매자측으로부터 짜내려는 구매자측의 노력에서 나온 것이었다. 확실히 이 투쟁은 특정한 시간적·공간적 관계(nexus) 아래서 공급과 수요에 따라 좌우되었지만, 오로지 그것에만 좌우되었던 것은 결코 아니다. 첫째로, 공급과 수요가 독점적 규제를 통해서 조작될 수 있다는 점은 두말할 것도 없는데, 이제까지 그것은 예외라기보다는 오히려 통례였다. 둘째로, 판매자는 그들간의 수직적 통합을 통해 이 특정한 시간적·공간적 관계하의 가격에 영향을 끼칠 수 있다. '판매자'와 '구매자'가 궁극적으로 사실상 동일한 기업인 경우에는, 항상 가격은 재정적 사정과 그밖의 다른 사정들로 말미암아 자의적으로 조작될 수 있었다. 그러나 이때의 가격이 공급과 수요의 상호작용을 나타내는 것은 결코 아니었다. '수평적' 독점과 마찬가지로 수직적 통합 역시 드문 일이 아니었다. 그 가장 두드러진 보기들은 물론 잘 알려져 있다. 16세기에서 18세기까지의 특허회사들, 19세기의 대(大)상인가문들, 20세기의 초국가적 기업들이 그것이다. 이것들은 어느 특정 상품연쇄 내의 연결고리들을 가능한 한 많이 포괄하려고 노력하는 세계적 구조들이었다. 그러나 하나의 상품연쇄 내의 불과 몇몇 (심지어 단 두 개의) 연결고리들을 포괄하는 좀더 작은 규모의 수직적 통합이 한층 더 널리 퍼져 있었다. 통계적으로 볼 때, 판매자와 구매자가 확연히 구분되고 서로 적대적인 상품연쇄의 '시장적' 관계보다는 수직적 통합이 오히려 역사적 자본주의의 정상상태였다고 하는 것이 타당할 것 같다.

그런데 상품연쇄는 지리적으로 아무 방향으로나 제멋대로 뻗어나간 것은 아니었다. 모든 상품연쇄들을 지도 위에 그려 넣는다면, 그것들이 구심적인(centripetal) 모양을 하고 있음을 알게 될 것이다. 그들의 출발지점은 여러 군데지만 그 목적지점은 한두 지역으로 수렴되는 경향을 보여왔다. 다시 말해서 그것들은 자본주의 세계경제의 주변부(periphery)에서 중심부(center) 또는 핵심부(core)로 이동하는 경향을 보여왔다. 경험적인 관찰에 의하면 이를 반박하기는 어렵다. 진짜 문제는 왜 그랬느냐는 점이다. 상품연쇄에 관한 이야기는 확대된 사회적 분업에 관한 이야기를 뜻하는데, 그러한 사회적 분업은 자본주의의 역사적 발전과정을 통해서 기능적으로나 지리적으로나 더욱더 광범하게 확장됨과 동시에, 점점 더 계서제적인 것이 되어왔다. 여러 생산과정의 구조 안에서 나타난 이같은 공간적 계서제화는 세계경제의 핵심지대와 주변지대 사이의 양극화를 점점 더 심화시켜왔는데, 이러한 현상은 (실질임금의 수준, 삶의 질과 같은) 분배의 기준이라는 측면에서만 일어난 것이 아니다. 이보다 더 중요한 것은 그러한 현상이 자본축적의 장소 안에서도 일어났다는 점이다.

이런 과정이 시작되던 초기에는 공간적 차이는 차라리 작은 편이었으며, 공간적 특성화의 정도도 한정되어 있었다. 그러던 것이 자본주의체제 안에서 (생태학적 이유에서든 역사적 이유에서든) 일단 생겨난 차이는 무엇이건 확대되고 강화되고 고착화됐다. 이 과정에서 중요한 것은 가격을 결정하는 데 힘이 개입되었다는 점이다. 시장거래에서 어느 한쪽이 자기 상품의 가격을 올리기 위해 힘을 사용하는 일이 자본주의가 발명해낸 짓은 아니었다. 부등가교환은 오랜 관행이었다. 역사적 체제로서 자본주의에서 주목할 만한 것은 이같은 부등가교환을 은폐할 수 있는 방법이었다. 정말로 어찌나 교묘하게 은폐했던지 이 체제에 대한 공공연한 반대자들조차도 이 메커니즘이 작동한 지 500년이 지나고 나서야 비로소 그 은폐막을 체계적으로 벗겨내기 시작했던 것이다.

이같은 주요 메커니즘을 은폐하는 데 결정적인 구실을 한 것은 자본주의 세계경제의 구조 자체에, 즉 (모든 통합된 생산과정들이 끊임없는 자본의 축적을 위해 작동하는 세계적 규모의 사회적 분업체계인) 경제의 장(場)과 (표면적으로는 각자의 관할영역 안에서 제각기 정치적 결정들에 대한 자율적 책임을 지고 있으며 자체의 권위를 유지하기 위해 제각기 군사력을 행사하는 개별적 주권국가들로 이루어진) 정치의 장이 외견상 따로 떨어져 있는 것처럼 보이는 자본주의체제 내부의 그같은 분리구조 속에 있었다. 역사적 자본주의의 현실 세계에서는 조금이라도 중요하다고 생각될 만한 거의 모든 상품연쇄가 이같은 국가들의 경계선을 가로지르고 있었다. 이것은 최근에 새로 나타난 현상이 아니었다. 그것은 역사적 자본주의의 바로 시초부터 내내 있어온 일이다. 더욱이 이같은 상품연쇄의 초국가적 성격은 20세기 자본주의 세계에서나 16세기 자본주의 세계에서나 공통적인 특징이었다.

이런 부등가교환은 어떻게 작동했는가? 복잡한 생산과정의 (일시적) 결핍 혹은 **군사적 수단에 의해** 창출된 인위적 결핍으로 말미암아 시장 내에 어떤 실질적인 격차가 생겨난 데서부터 상품들이 두 지역 사이를 다음과 같은 방식으로 이동하는 현상이 나타났던 것이다. 즉, 덜 '희귀한' 품목을 가진 지역은 반대 방향으로 이동하는 동일한 가격의 품목에 비해서 실질적으로 더 많은 투입량(비용)을 투하한 셈이 되는 그런 가격으로(실제로 투하된 많은 비용의 투하량이 제대로 반영되지 않은 싼 가격으로—역자) 상대편 지역에 그 품목을 '팔았다'. 실제로 일어난 것은 산출되고 있는 총이윤(또는 잉여)의 일부가 한 지역에서 다른 지역으로 이전되었다는 사실이다. 이런 관계는 핵심-주변의 관계다. 이를 부연하자면, 손해를 보는 지역을 '주변부'라 부를 수 있으며, 이익을 보는 지역을 '핵심부'라 부를 수 있다. 이런 명칭은 사실 경제적 흐름의 지리적 구조를 반영하고 있다.

역사상 이런 불균형을 심화시켜온 몇가지 메커니즘이 있다는 것은 한눈에 알 수 있다. 상품연쇄상의 어느 두 연결고리가 '수직적으로 통합'되어 있는 경우에는, 언제나 총잉여 중 핵심부 쪽으로 이전시킬 수 있는 부분이 그 전에 비해 더욱더 커졌다. 게다가 잉여가 이전됨에 따라 핵심부는 자본이 집중하게 되었으며, 또 기계화를 촉진하기 위한 자금을 다른 곳보다 훨씬 더 많이 이용할 수 있게 되었는데, 이 두 가지 점으로 말미암아 핵심부의 생산자들은 기존 생산품의 생산경쟁에서 한층 더 유리해지고 더 나아가 더욱 새로운 희귀 생산품들을 계속 개발해냄으로써 같은 과정을 새로이 시작할 수가 있었다.

핵심부지역으로 자본이 집중됨으로써 상대적으로 강한 국가기구들이 창출될 재정적 기반과 정치적 동기가 만들어졌는데, 이런 국가기구들의 여러 능력들 가운데에는 주변부지역의 국가기구들을 상대적으로 더욱 약하게 만들거나 약한 채로 그냥 있게 하는 능력이 있었다. 이러한 능력을 통해서 핵심부 국가기구들은 주변부 국가구조들에 압력을 가해서, 이들 주변부지역이 상품연쇄 계서제의 밑바닥 일에 한층 더 전문화되는 것을 받아들이고 심지어 그것을 촉진하도록 할 수 있었는데, 이런 과정에서 저임금 노동력을 활용하고 또 이러한 저임금 노동력의 생존을 가능케 해줄 만한 가계구조들을 창출(강화)했던 것이다. 이렇게 해서 역사적 자본주의는 세계체제 내의 여러 지역에 따라 그처럼 엄청난 차이를 나타내게 된 이른바 역사적 임금수준들을 실제로 만들어냈던 것이다.

여기서 강조하고 싶은 점은 이 과정이 은폐되어 있다는 사실이다. 이 말은 실제 가격이 비인격적인 여러 경제력에 입각한 하나의 세계시장 안에서 언제나 협정되는 것처럼 보였다는 뜻이다. 불평등한 교환을 확보하는 데 하나하나의 개별적 거래마다 거대한 잠재적 힘의 장치에 의존할 필요는 없었다(전쟁이나 식민지화 사업에 이런 장치가 공공연하게 사용되는 경우는 가끔 있었지만). 오히려 힘의 장치는 현 수준의 부등가교환에 대해 중대한 도전이 있었을 때에만 작동했던 것이다. 치열한 정치적 투쟁이 일단 지나가고 나면 세계의 기업가계급들은, 세계경제가 역사적으로 공급과 수요의 어느 특정 지점에 어떻게 도달하게 되었는가, 또 어떤 힘의 구조들이 바로 그 시점에서 세계노동자들의 임금수준과 실질적인 삶의 질이라는 면의 '통상적인'(customary) 격차를 떠받쳐주고 있었는가 하는 점에 대해서는 눈을 감은 채, 경제가 오로지 공급과 수요의 문제들에 의해서 움직이는 것인 양 둘러댈 수가 있었다.

이제야 우리는 왜 프롤레타리아화가 그동안에 조금이나마 진행되어왔는가 하는 물음으로 돌아갈 수가 있다. 각 기업가들의 개별적 이해관계와 모든 자본가계급 전체의 이해관계 사이의 기본적 모순을 다시 한번 생각해보자. 부등가교환은 원래 이런 전체의 이해관계에 대해 기여했지 많은 개별적 이해관계에 대해서 기여하지는 않았다. 따라서 어느 특정 기간에 (경쟁자들보다 얻는 것이 더 적었기 때문에) 직접 이익을 얻지 못한 사람들은 자신에게 유리한 방향으로 상황을 바꾸기 위해서 계속 노력하기 마련이었다. 즉, 그들은 자신의 생산을 더욱 효율적으로 만들거나 정치적 영향력을 행사하여 새로운 독점적 이득을 얻어냄으로써 시장에서의 경쟁을 한층 더 성공적으로 이끌어나가려고 노력했다.

자본가들 사이의 치열한 경쟁은 언제나 역사적 자본주의의 여러 **종차**(種差, *differentia specifica*) 가운데 하나였다. 그것이 (카르텔 같은 제도들에 의해서) 자발적인 제약을 받는 듯이 보였을 때조차도, 그 까닭은 주로 그런 제약이 자신의 마진을 극대화한다고 각 경쟁자들이 생각했기 때문인 것이다. 끝없는 자본축적에 바탕을 두고 있는 체제 안에서는 그 어떠한 참여자도 자기파멸의 위험을 무릅쓰지 않고서는 장기적인 이윤을 추구하는 이같은 끈질긴 욕구를 버릴 수가 없었다.

이렇게 독점적 관행과 경쟁적인 동기는 한 짝이 되어 역사적 자본주의의 현실을 이루어왔다. 이런 상황 속에서는 여러 생산과정을 연결하는 그 어떤 특수한 패턴도 결코 안정적인 것이 될 수 없음은 분명한 사실이다. 그와 정반대로, 자신의 행동이 세계적으로 끼치는 영향에 대해 별로 생각하지 않고 특정 시간과 장소의 특수한 패턴을 변경하려고 노력하는 것은 언제나 서로 경쟁하는 다수의 기업가들에게 이익이 되게 마련이다. 애덤 스미스(Adam Smith)의 '보이지 않는 손'은 '시장'이 개인의 행동에 제약을 가한다는 뜻에서 틀림없이 작용했다. 그러나 그 결과가 조화였다고 말하는 것은 역사적 자본주의에 대한 아주 기이한 해석이라 할 것이다.

다시 한번 경험적인 관점에서 본다면, 차라리 그 결과는 체제 전체의 팽창과 정체가 번갈아 되풀이되는 하나의 주기적 변동(cycle)과 같은 것이었다. 이런 주기적 변동은 아주 중요하고 또 아주 규칙적인 파동을 수반하는 것이어서, 그것들이 체제의 작동에 본질적인 요소가 아니라고 믿기란 어려운 일이다. 비유를 해도 된다면, 그것들은 피를 정화해줄 산소를 빨아들이고 유독한 노폐물을 뱉어내는 자본주의적 유기체의 호흡기관 같은 것이다. 비유란 항상 위험한 것이지만 이런 비유만은 꼭 들어맞는 듯싶다. 축적된 노폐물이란 경제적 비효율성을 말하는 것인데, 그런 비효율성은 앞에서 설명한 부등가교환의 과정을 통해서 정치적으로 줄곧 형성되어 딱지가 진 부스럼 같은 것이었다. 산소의 정화작용이란 자원을 더욱 효율적으로(더욱더 많은 자본축적을 가능케 한다는 뜻에서 더욱 효율적으로) 배분하는 일을 말하는데, 이런 일은 상품연쇄의 정기적인 재편성에 의해서 가능했던 것이다.

점점 더 많은 기업가들이 자신들에게 좀더 유리한 상품연쇄의 관계(nexus)를 얻어내고자 노력하는 가운데 —— 좀 잘못된 표현이긴 하지만 —— 이른바 과잉생산이라고 할 수 있는 불균형한 투자

현상이 일어났는데, 이는 약 50년마다 되풀이되어온 것 같다. 이런 불균형에 대한 유일한 해결책은 생산체제를 한바탕 재정비 (shakedown, 흔들어 떨어뜨리기)하여 좀더 균등한 투자배분을 이루는 것이었다. 언뜻 듣기에 이것은 논리적이고 단순한 말 같지만, 그런 재정비를 통해 떨려난 것들은 언제나 엄청난 것이었다. 그것은 그때마다 상품연쇄 안에서 가장 막혀왔던 연결고리에 생산활동이 한층 더 집중되었음을 의미했다. 그것은 어떤 부류의 기업가와 어떤 부류의 노동자들(사업에서 손을 뗀 기업가들에게 고용된 노동자들, 그리고 단위 생산비용을 낮추기 위해 기계화를 촉진한 기업가들에게 고용된 노동자들)을 다같이 내쫓는 것을 의미하는 것이었다. 게다가 이런 조정을 통해서 기업가들은 상품연쇄의 계서제 안에서 어떤 활동들의 지위를 '격하할'(demote) 수 있었고, 그럼으로써 투자자금과 투자활동을 좀더 혁신적인, 상품연쇄의 연결고리에 집중시킬 수 있었는데, 그런 혁신적인 연결고리들에서는 애당초 투입물들이 '더 희소'한 것들이었기 때문에 이윤이 그만큼 더 컸던 것이다. 이처럼 계서제라는 잣대 위에서 특정 생산과정을 '격하'하는 것은 또한 부분적으로 지리적 재배치를 초래하는 경우가 종종 있었다. 이러한 지리적 재배치에서는 주로 노동비용이 좀더 낮은 지역으로 이동하려는 경향이 나타났다. 새로운 산업이 이동해 들어온 지역 편에서 보면, 이는 일부 노동력에게는 으레 임금수준의 상승을 가져다주었지만 말이다. 바로 오늘날 세계의 자동차산업, 철강산업, 전자산업 부문에서 이와 똑같은 거대한 전세계적 재배치 과정이 진행되고 있다. 이런 재배치 현상은 처음부터 역사적 자본주의의 본질적인 요소였던 것이다.

이같은 재편성(reshuffle)으로 말미암아 세 가지 중요한 결과가 나타났다. 하나는 자본주의 세계체제 자체의 끊임없는 지리적 재구성이다. 하지만, 약 50년마다 상품연쇄가 크게 재구성되어왔음에도, 계서제적으로 조직된 상품연쇄의 체계 자체는 그대로 유지되어왔던 것이다. 새로운 생산과정들이 계서제 꼭대기에 끼여듦에 따라 특정 생산과정들은 그 계서제의 아래 쪽으로 이동해갔다. 그리고 이처럼 계서제 안에서 끊임없이 자리를 바꾸는 여러 과정들이 특정한 지리적 지역들에 터를 잡게 되었다. 이래서 어떤 특정 생산품이 핵심부 생산품으로 출발했다가 마침내 주변부 생산품으로 되고 마는, 그같은 '생산품 순환'(product cycle)이 나타나게 되었다. 게다가 해당 지역 주민들의 상대적 복지수준이라는 잣대로 볼 때에도 역시 어느 특정 지역들의 경우 그 지위가 끊임없이 오르락내리락해왔다. 그러나 이런 재편성을 '발전'이라고 부르려면 그에 앞서 그 체제의 세계적 양극화현상이 감소했음을 먼저 실증해야만 할 것이다. 그런데 경험적으로 볼 때, 한마디로 이런 일은 일어난 것 같지 않다. 역사적으로 볼 때 양극화는 오히려 증대했다. 그렇다면 이같은 지리적 재배치와 생산품의 재배치는 진짜 순환적(cyclical)이었다고 말할 수 있을 것이다.

그러나 재편성은 이와는 아주 딴판인 또 하나의 결과를 가져왔다. 잘못된 표현이긴 하지만 '과잉생산'이란 말은, 언제나 체제의 어떤 주요 생산품에 대한 충분한 세계적 유효수요가 없기 때문에 직접적인 모순이 생겨났다는 사실을 떠올리게 해준다. 노동자들의 이해관계가 일부 소수 기업가들의 이해관계와 일치했던 것은 바로 이런 상황에서다. 노동자들은 잉여 가운데서 자신들의 몫을 증대시키려고 늘 애써왔으며, 체제가 경제적으로 붕괴하고 있는 시기에는 흔히 그들이 계급투쟁으로 나아갈 만한 직접적인 동기가 더 커지고 그 기회도 더 많아졌다. 노동자들이 실질소득을 늘릴 수 있는 가장 효과적이며 직접적인 방도 가운데 하나는 그들 자신의 노동을 더욱 상품화하는 것이었다. 종종 그들은 실질소득액이 낮은 가계 내의 생산과정 부문들, 특히 각종 소상품생산을 임금노동으로 대체하려고 했다. 프롤레타리아화의 주요 배후세력 가운데 하나는 바로 세계의 노동자들 자신이었던 것이다. 이들은 반프롤레타리아화한 가계 안에서 이루어지는 착취가 더욱 완전하게 프롤레타리아화한 가계 안에서 이루어지는 그것보다 훨씬 더 가혹하다는 것을, 그들의 지적 대변자임을 자칭하는 사람들보다 흔히 더 잘 알고 있었다.

바로 이 침체의 시기에 일부 자본소유-생산자(owner-producer)들은 한편으론 노동자들의 정치적 압력에 대응해서, 또 한편으론 생산관계의 구조적인 변경이 경쟁상대인 다른 자본소유-생산자들에 비해 자신들에게 유리하리라 믿으면서, 일부 한정된 노동력의 프롤레타리아화를 촉진하고자 생산과 정치의 두 분야 어딘가에서 힘을 결집해왔다. 장기적인 안목으로 볼 때 프롤레타리아화는 자본주의 세계경제 안에서 이윤 수준의 감소를 가져온 것이 사실인데, 그런데도 왜 프롤레타리아화가 그나마 어느정도 증대해왔는가 하는 문제에 대해서 중요한 실마리가 되는 것이 바로 이러한 과정인 것이다.

역사적 자본주의의 원동력이라기보다는 오히려 결과라 할 수 있는 기술적 변화의 과정 역시 이같은 맥락에서 살펴봐야 할 것이다. 주요한 기술'혁신'이란 무엇보다도 그 자체로 이익이 아주 큰 '희귀' 생산품을 만들어내는 것이었으며, 그 다음으로는 일련의 노동절약적인 과정을 만들어내는 것이었다. 그것들은 주기적 변동의 하강국면에 대한 대응책이었으며, 자본축적 과정을 촉진하는 데 알맞도록 여러 '발명'을 활용하는 방식이었다. 이같은 여러 혁신이 실제 생산조직에 자주 영향을 끼쳤음은 의심할 나위가 없다. 역사적으로 그것들은 많은 노동과정들(공장, 일관작업)을 집중화하는 방향으로 밀고나갔다. 그러나 이제까지 실제 얼마나 많은 변화가 일어났는가 하는 것은 자칫 과장되기 쉽다. 구체적인 생산작업의 집중화 과정들에 대한 연구들은 흔히 집중화에 역행하는 분산화 과정들을 눈여겨보지 않았던 것이다.

이 점은 순환적 재편성으로 말미암은 세번째 결과를 고찰해보면 특히 사실로 드러난다. 앞서 말한 두 가지 결과를 놓고 볼 때, 한 가지 외견상의 모순점이 아직 설명되지 않고 있다는 사실에 주목해야 한다. 우리는 역사적으로 분배가 양극화되어가는 가운데 자본축적이 계속 집중화되는 현상에 대해 이야기한 한편, 그와 동시에 느리기는 하나 그래도 꾸준히 진행된 프롤레타리아화 과정에 대해서도 이야기한 바 있는데, 바로 이 프롤레타리아화 과정이 실은 이윤 수준을 감소시켜왔다고 주장했다. 이같은 모순에 대한 한 가지 손쉬운 해답은 한마디로 첫번째 과정이 두번째 과정보다 더 크다고 말해버리는 것인데, 사실 이것은 옳은 말이다. 그러나 그뿐만이 아니라 이제까지 프롤레타리아화의 증대로 말미암은 이윤 수준의 하락은 그 반대 방향으로 움직여온 또 하나의 메커니즘에 의해서 보상되고도 남음이 있었던 것이다.

역사적 자본주의에 대해서 경험적으로 손쉽게 관찰할 수 있는 또 한 가지 현상은 그 지리적 영역이 오랜 기간에 걸쳐 꾸준히 확장되어왔다는 점이다. 다시 한번 그 과정의 속도는 그것을 설명하는 좋은 실마리가 된다. 새로운 지역을 역사적 자본주의의 사회적 분업체계 속에 편입시키는 일이 한꺼번에 일어나지는 않았다. 그것은 실상 여러 차례에 걸친 시대별 내달음(spurt)을 통해서 이루어진 것이다. 비록 잇따른 팽창 하나하나는 그 범위가 제한된 것처럼 보였지만 말이다. 다름아닌 역사적 자본주의 자체의 기술적

발전이라는 현상에 의해서 이에 대한 설명이 일부 가능하다는 것
은 틀림없다. 운송, 통신 그리고 군비 부문에서 이루어진 여러 개
량으로 말미암아 핵심부지역에서 더 멀리 떨어진 지역들을 편입시
키는 데 드는 비용이 꾸준히 줄어들게 되었다. 그러나 이런 설명
은 기껏해야 그 과정에 대한 필요조건을 밝혀줄 뿐, 충분조건을
밝혀주지는 않는다.

  자본주의적 생산의 이윤을 실현하기 위해 끊임없이 새로운 시장
을 찾는 현상을 통해서 이것을 설명하는 경우도 더러 있었다. 그
러나 간단히 말해서 이런 설명은 역사적 사실에 들어맞지 않는다.
전반적으로 볼 때 역사적 자본주의 밖에 있는 지역은 이제까지 자
본주의적 생산품을 별로 구매하려 들지 않은 지역이었다. 한편으
로 그것은 이들 지역 자체의 경제제도에 비추어볼 때 그같은 자본
주의적 생산품들이 그다지 '필요치' 않았기 때문이기도 하고, 또
한편으로는 종종 그것들을 구입할 만한 적당한 수단이 이 지역들
에 없었기 때문이기도 하다. 물론 예외는 있었다. 그러나 대체적
으로 볼 때 어디까지나 자본주의세계 편에서 외부지역의 생산품들
을 찾아나섰던 것이지 그 반대는 아니었다. 어느 특정 장소가 군
사적으로 정복될 때마다, 으레 자본주의 기업가들은 그곳에 실질
적인 시장이 없다고 투덜대면서 식민지 정부를 움직여 (자기들의
상품에 대한) '기호를 만들어내고자' 노력했다.

  따라서 시장에 대한 추구를 가지고 지리적 팽창을 설명하려는
것은 한마디로 말이 안 된다. 차라리 값싼 노동력의 추구를 가지
고 이야기하는 편이 훨씬 더 그럴싸한 설명이다. 사실상 세계경제
속으로 편입된 모든 새로운 지역의 실질보수 수준은 임금수준의
세계체제적 계서제의 맨 밑바닥에 속하는 것이었음은 역사적으로
밝혀진 사실이다. 사실상 이런 지역들에서는 완전히 프롤레타리아

화한 가계란 전혀 없었으며, 또 이러한 종류의 가계를 발전시키려는 노력도 전혀 없었다. 반대로 식민지 국가들의 (그리고 공식적으로는 식민지화하지 않았지만 그렇게 편입된 지역 내의 재편된 반(半)식민지 국가들의) 정책은 바로 반(半)프롤레타리아 가계의 성장을 부추기기 위한 빈틈없는 의도에서 나온 것처럼 보였는데, 앞에서 보았듯이 이러한 반프롤레타리아 가계는 내려갈 수 있는 최하한선까지 임금수준을 떨어뜨릴 수 있게 해주었던 것이다. 전형적인 국가정책은 여러 과세장치를 동원하여 모든 가계로 하여금 약간의 임금노동에 종사하도록 강제하면서, 가계 구성원들의 이동을 제한하거나 그들을 강제적으로 분리시킴으로써 완전한 프롤레타리아화의 가능성을 상당히 줄이는 것 등을 포함하고 있었다.

이같은 분석에 덧붙여 자본주의 세계체제로의 새로운 편입이 대체로 세계경제의 여러 침체국면들과 일정한 상관관계를 가지고 있었다는 사실도 아울러 주목한다면, 세계체제의 지리적 팽창이 반프롤레타리아화의 운명을 안고 있었던 새로운 노동력을 편입시킴으로써 프롤레타리아화의 증대로 말미암은 이윤감소 효과를 상쇄하는 데 이바지했다는 점이 분명해진다. 이래서 외견상의 모순이 사라졌다. 양극화과정에 대한 프롤레타리아화의 영향은 적어도 이제까지는 이처럼 새로운 노동력이 편입됨에 따라 상쇄되어왔다. 어쩌면 상쇄하고도 남음이 있었을 것이다. 그리고 공장제 같은 노동과정들이 전체에서 차지하는 비율 역시, 그 방정식의 분모가 꾸준히 커져갔다는 점을 고려한다면, 으레 주장하는 것만큼 그렇게 크게 늘어나지는 않았다.

지금까지 경제 분야에 한정해서 역사적 자본주의가 어떻게 작동해왔는가를 많은 시간을 들여 설명해보았다. 이제는 왜 자본주의가 하나의 역사적 사회체제로서 나타나게 되었는가 하는 이유를 설명할 차례다. 이것은 흔히 생각하는 것처럼 그렇게 쉬운 일이 아니다. 언뜻 보기에도 역사적 자본주의는 일부 옹호론자들이 애써 주장해온 어떤 '자연스러운' 체제와는 거리가 먼, 분명히 불합리한 체제다. 사람들은 더 많은 자본을 축적하기 위해 자본을 축적한다. 자본가들은 마치 흰 생앙쥐가 쳇바퀴 돌듯 한층 더 빨리 달리기 위해서 줄곧 더 빨리 달린다. 그런 과정 속에서 일부 사람들은 잘살고 있는 것이 틀림없지만 다른 사람들은 비참하게 살고 있다. 그러나 또 그렇게 잘살고 있는 사람들도 과연 얼마나 더, 그리고 얼마나 오랫동안 잘살고 있는가?

역사적 자본주의에 대해서 곰곰이 생각해보면 해볼수록 그것은 더욱더 불합리한 것으로만 여겨진다. 세계인구 중의 대다수가 객관적으로나 주관적으로나 그 이전의 역사적 체제에서보다 물질적으로 더 못살고 있다고 나는 믿고 있을 뿐 아니라, 앞으로 살펴보겠지만, 그들은 정치적인 면에서도 더 못살고 있다고 주장할 수 있다는 생각이 든다. 역사적 자본주의가 퍼뜨린, 자기자신을 정당화하는 진보의 이념에 우리 모두가 물들어버렸기 때문에, 이 체제가 역사적으로 안고 있는 커다란 부정적 측면들을 인식하는 것마저도 어려운 지경이 되었다. 칼 맑스처럼 역사적 자본주의를 신랄하게 비난한 사람조차 역사적으로 그 체제가 떠맡은 진보적인 역할을 크게 강조했다. '진보적'이라는 말이 단순히 역사적으로 나중의 것이며, 그것에 선행하는 어떤 것으로 그 기원이 설명될 수 있는 그런 것을 뜻하지 않는 한, 나는 이것을 전혀 믿지 않는다. 뒤에서 다시 살피게 될 역사적 자본주의의 대차대조표는 아마 복잡한 것일 테지만, 물질적 재화의 분배와 에너지의 배정이라는 측면에서 언뜻 계산해보더라도 정말이지 아주 부정적인 생각이 든다.

이것이 사실이라면 이런 체제는 도대체 왜 생겨났는가? 그것은 바로 이런 목적을 달성하기 위해서였을 것이다. 한 체제의 기원을 설명할 때, 그 체제가 실제로 성취해온 어떤 목적을 성취하기 위해서 (그 체제가) 생겨났다고 주장하는 그런 식의 설명보다 더 그럴싸한 설명이 어디 있겠는가? 근대과학이 목적인(目的因, final causes)에 대한 탐구와 유의성(有意性, intentionality)에 대한 모든 고찰로부터 (특히, 이런 것들은 본래 경험적으로 실증하기가 어렵다는 이유로) 우리의 관심을 딴데로 돌려왔다는 사실은 나도 알고 있다. 그러나 근대과학과 역사적 자본주의가 밀접한 결연관계를 맺어왔다는 것 역시 우리 모두가 알고 있는 사실이다. 그래서 우리는 다름아닌 바로 이 문제, 즉 근대자본주의의 여러 기원을 인식하는 방식의 문제에 대해서 과학이 행사하고 있는 권위를 의심하지 않을 수 없다. 따라서 여기서는 경험적인 근거를 일일이 들어가면서 이 문제에 대한 주장을 뒷받침하기보다는 그저 단순히 역사적 자본주의의 여러 기원에 대한 역사적 설명의 줄거리를 제시하겠다.

14, 15세기 당시의 세계에서 유럽은 세계의 다른 지역들과 비교해볼 때, 생산력, 그 역사적 체제의 결속력 그리고 인간의 상대적인 지식 상태 등의 측면에서 하나의 중간지대, 즉 일부 지역처럼 선진적인 것도 아니고 다른 일부 지역처럼 그렇게 원시적이지도 않은, 그런 사회적 분업의 장소였다. 문화적으로나 경제적으로나 당시 유럽에서 가장 '선진적'이던 한 고장 출신인 마르꼬 뽈로 (Marco Polo)가 아시아 여행중에 마주친 것들 때문에 완전히 주눅이 들었다는 사실을 잊어서는 안된다.

이 시기에 봉건 유럽의 경제적 무대는 그 사회적 기반을 뒤흔들고 있었던 아주 근본적이며, 내생적(內生的)인 어떤 위기를 겪고 있었다. 지배계급들은 아주 빠른 속도로 서로서로를 파멸시키는가

하면, 다른 한편으로는 (그 경제구조의 기반인) 토지제도가 흐트
러지면서 종전보다 훨씬 더 평등한 분배를 실현시키려는 재편 움
직임이 상당히 진척되고 있었다. 게다가 소규모 차지농들(peasant
farmers)은 생산 면에서 대단한 효율성을 보여주고 있었다. 정치구
조는 전반적으로 점점 더 약화되고 있었으며, 정치적 유력자들은
서로 죽이고 죽는 싸움에 몰두함으로써 성장하고 있는 대중의 힘
을 억누를 만한 시간적 여유가 없었다. 가톨릭이라는 이데올로기
적 접합제는 지나친 긴장으로 말미암아 그 접착력이 떨어져갔으
며, 여러 평등주의적 운동이 교회조직 한복판에서 일어나고 있었
다. 모든 것들이 분명히 붕괴하고 있었다. 만일 유럽이 그때까지
걸어왔던 길을 그대로 죽 걸어갔다고 한다면, 고도로 구조화된
'신분'(order)제도를 가진 여러 유형의 중세 봉건 유럽이 다시 공고
해졌으리라고 믿기는 어렵다. 유럽의 봉건적 사회구조는 귀족들의
지위를 더욱 깎아내리고 정치구조를 더욱 지방분권화함으로써 비
교적 평등한 소규모 생산자들의 체제 쪽으로 나아갔으리라고 짐작
하는 것이 훨씬 더 그럴싸하다.

  이렇게 되는 것이 더 좋은 일이었을까 아니면 더 나쁜 일이었을
까, 그리고 누구에게 좋고 누구에게 나쁜 일이었을까 하는 문제는
부질없는 공론이고 별로 흥미도 없는 문제다. 그러나 분명한 것은
그런 예측이 유럽의 상부계층을 소름끼치게 했음에 틀림없다는 점
이다. 특히 자신들의 이데올로기적 무장 역시 해이해지고 있다고
느꼈기 때문에, 그것은 더더욱 소름끼치고 두려운 일이었다. 누군
가 그런 시도를 의식적으로 입 밖에 냈다고 굳이 지적할 것도 없
이 1650년의 유럽을 1450년의 유럽과 비교해보면, 다음과 같은 일
들이 일어났음을 알 수 있다. 1650년에 이르기까지, 생존력을 지
닌 한 사회체제로서 역사적 자본주의는 그 기본구조를 확립하고

또 굳건히하였다. 보수(報酬)의 평등화를 향한 추세는 정반대 방향으로 바뀌었다. 상부계층은 정치적으로나 이데올로기적으로나 다시 한번 확고히 통제력을 장악했다. 꽤 높은 정도의 연속성이 1450년에 상부계층이었던 가문들과 1650년에 상부계층이었던 가문들 사이에 있었다. 그뿐만 아니라 1650년 대신에 1900년의 상황을 1450년과 비교해보더라도 앞에서 말한 대부분의 비교들이 여전히 사실로 드러날 것이다. 20세기에 와서야 비로소 다른 방향으로 나아가는 어떤 중요한 추세들, 즉 (앞으로 보겠지만) 자본주의라는 역사적 체제가 400년 내지 500년 동안의 번영을 누린 뒤에 마침내 구조적 위기를 맞게 되었다는 어떤 징후가 나타난다.

아무도 그런 의도를 실제 입 밖에 내지는 않았을 것이다. 그러나 한 사회체제로서의 역사적 자본주의의 창조가 상부계층이 두려워했던 추세를 극적으로 반전시키고, 그대신 그들 자신의 이익에 훨씬 더 잘 들어맞는 하나의 추세를 확립했다는 점은 틀림없는 사실인 것 같다. 그것이 그렇게 불합리한 것인가? 오직 그 희생물이 된 사람들에게만은 불합리한 것이다.

2. 축적의 정치학: 이익을 위한 투쟁

자본의 축적 그 자체를 위한 끝없는 자본축적은 **언뜻 보기엔** 사회적으로 불합리한 목적인 것처럼 보일지 모른다. 그러나 이를 옹호한 사람들 역시 늘 있기 마련이었는데, 이들은 장기적 안목에서 볼 때 그것이 사회적 이익을 가져다준다고 해서 으레 그것을 정당화했던 것이다. 이같은 사회적 이익이 얼마만큼이나 진정한 것인지에 대해서는 나중에 다루겠다. 그러나 얼마만큼의 집단적 이익을 가져다주었는가 하는 점은 그만 접어두고라도 한 가지 분명한 것은 자본의 축적이 많은 개인들에게 (그리고/또는 소집단들에게) 소비를 크게 늘릴 수 있는 기회와 여건을 마련해준다는 점이다. 이같은 소비의 증가로 말미암아 소비자들의 삶의 질이 정말로 개선되는 것인지 아닌지는 별개의 문제이며, 이 문제 역시 나중으로 미루어두겠다.

맨 먼저 따져봐야 할 문제는, 개인적으로 당장 이익을 챙기는 사람은 누구인가 하는 점이다. 개인적으로 당장 손에 넣을 수 있는 눈앞의 이익을 위해 싸워볼 만하다는 생각이 들었을 때, 그런 소비가 가져다줄 **장기적인** 이익(전체 집단에 대한 이익이건 개인에 대한 이익이건)이나 삶의 질에 대해서 곰곰이 따지려 드는 사람이 드물었다고 하는 것은 일리있는 얘기다. 사실 이것이야말로 역사적 자본주의 안에서 일어난 정치투쟁의 가장 중요한 초점이 되어왔던 것이다. 역사적 자본주의를 가리켜 하나의 물질문명 (materialist civilization)이라고 하는 것도 실은 이를 두고 하는 말이다.

물질적인 측면에서 볼 때, 남보다 뛰어난 사람들에게 돌아간 보수가 많았을 뿐 아니라, 꼭대기와 밑바닥 사이의 보수 격차 역시 컸으며, 또 세계체제 전체를 놓고 보더라도 이 격차는 시간이 지남에 따라 점점 더 커져갔다. 이처럼 보수의 배분이 양극화해간 이유를 설명해주는 경제적 과정에 대해서는 이미 살펴보았다. 이제 사람들이 이같은 경제체제 안에서 저마다 유리한 지위를 차지하기 위해, 그리고 그럼으로써 남들을 그같은 유리한 지위에서 배제하기 위해 어떻게 행동했는가 하는 점에 눈을 돌릴 차례다. 아울러 그러한 불공평한 분배의 희생자들이, 무엇보다도 체제가 작동하는 과정에서 자신들이 입게 되는 손해를 최소한으로 줄이고, 그 다음엔 이같은 명백한 불의의 근본 원인인 이 체제를 변형시키기 위해 어떻게 행동했는가를 또한 살펴봐야겠다.

역사적 자본주의하에서 사람들은, 또는 사람들의 집단은, 어떻게 정치적 투쟁을 수행했는가? 정치란 자신에게 더 유리한 방향으로 권력관계를 변경하고, 그럼으로써 여러 사회적 과정들의 방향을 바꾸려는 행위다. 이런 일을 성공적으로 수행하기 위해서는 최소의 노력(input)으로 최대의 이익을 거두게 해줄 변화의 지렛대를 찾아내야만 한다. 역사적 자본주의의 구조에서 정치적 조정을

50

위한 가장 효율적인 지렛대 으레 국가구조이기 마련이었는데, 그런 국가구조를 구성하는 것 자체가 이미 살펴본 바와 같이, 역사적 자본주의가 이루어낸 중요한 제도적 성취들 가운데 하나였다. 이래서 국가권력에 대한 통제가 그리고 필요할 경우 국가권력의 강탈이 근대자본주의의 역사 전체를 통해 정치무대에서 활약한 모든 주역들에게 기본적인 전략목표가 되어왔음은 결코 우연이 아니다.

이 체제가 실제로 어떻게 작동해왔는가를 자세히 살펴보면 경제적 과정들에 대한 국가권력의 영향이 —— 설령 그것이 아주 좁은 의미로 한정되는 경우라 해도 —— 결정적으로 중요했음을 한눈에 알 수 있다. 첫번째 그리고 가장 기본적인 국가권력의 요소는 영토관할권이었다. 국가에는 경계가 있기 마련이었다. 이런 경계는 한편으로는 해당 국가가 선포한 법적 선언에 의해서, 또 한편으로는 다른 국가들이 내리는 외교적 승인에 의해서 사법적으로 결정되었다. 당연히 경계에 관한 다툼이 있을 수 있고, 또 으레 있기 마련이었다. 다시 말해서 (그 국가 자체와 다른 국가들이라는) 두 근원에서 연유하는 사법적 승인은 서로 대립적인 것이었다. 이런 대립은 궁극적으로는 재정(裁定)에 의해서든가 아니면 힘에 의해서 (그리고 결과적으로 그에 따른 암묵적 승인에 의해서) 해결되었다. 이런 분쟁이 한 세대 넘게 계속되는 경우는 매우 드물었지만 아주 오랜 기간에 걸쳐 잠재적인 형태로 계속된 분쟁은 많이 있었다. 아주 중요한 사실은 어느 편을 가릴 것 없이 이런 분쟁은 결국 해결될 수 있으며, 또 해결될 것이라는 이념적인 가정을 줄곧 간직하고 있었다는 점이다. 근대 국가체제에서 개념적으로 용납될 수 없었던 것은 항구적인 중복관할권을 공공연히 인정하는 일이었다. 하나의 개념으로서 주권은 아리스토텔레스의 배중률(排

中律)에 입각하고 있었던 것이다.

이러한 철학적·법률적 이론에 따라서 여러 국경선을 넘나드는 이동을 통제하는 일이 어느 특정 국가들의 책임사항인가 아닌가를 결정할 수가 있었다. 모든 국가는 각자 재화와 화폐자본과 노동력이 자국의 경계선을 넘나드는 것을 통제할 공적 관할권을 가지고 있었다. 따라서 국가들은 자본주의 세계경제의 사회적 분업이 작동하는 양상에 대해서 나름대로 어떤 영향을 미칠 수가 있었다. 게다가 국가들은 제각기 자국의 경계선을 넘나드는 여러 생산요소의 흐름에 관한 규칙들을 단순히 변경하는 것만으로 이런 메커니즘을 끊임없이 조절해나갈 수가 있었다.

이같은 국경선 통제는 으레 통제의 완전한 부재[자유무역]와 자유로운 이동의 완전한 부재[자급자족(autarky)] 사이의 상호대립이라는 관점에서 논의되고 있다. 그러나 실상 대부분의 국가에서 그리고 대부분의 시점에서 국가정책은 실제로는 이 양극단의 중간 어디쯤에 위치해왔다. 더욱이 이제까지 재화와 화폐자본 그리고 노동력의 이동에 대한 정책들은 각각 다르게 마련이었다. 일반적으로 말해서 노동력의 이동은 재화와 화폐자본의 이동보다 더 많은 제약을 받아왔던 것이다.

한 상품연쇄의 어딘가에 위치한 특정한 생산자의 처지에서 볼 때, 이 생산자가 세계시장에서 동일한 재화를 생산하는 다른 생산자들에 비해서 경제적으로 경쟁력을 갖춘 경우에는 이동의 자유가 그에게 바람직한 것이었다. 그러나 그렇지 못한 경우에는 경쟁상대인 생산자들에게 국경선 통과상의 여러 제약을 가함으로써 그들의 비용을 증가시킬 수 있었으며, 또 그럼으로써 원래대로라면 효율성이 낮은 생산자들이 그만큼 이득을 볼 수 있었다. 어느 특정 상품을 생산하는 사람들이 많은 시장에서는 원래 더 효율적인 생산자들은 소수이고 그들보다 덜 효율적인 생산자들이 다수이기 때문에 국경선을 넘나드는 자유로운 이동에 대해서 중상주의적인 여러 제약을 가하려는 압력이 끊임없이 존재해왔다. 그러나 더 효율적인 소수가 상대적으로 더 부유하고 강력했기 때문에 국경선을 개방시키려는, 좀더 구체적으로는 일부 국경선을 개방시키려는 반대 압력 역시 끊임없이 존재해왔다. 이래서 가장 먼저 일어나는 대투쟁――끊임없는 격렬한 투쟁――은 국가의 국경정책을 둘러싼 것들이었다. 더욱이 어느 특정한 (그중에서도 남달리 크고 힘센) 생산자집단은 자신들의 경제적 기반이 실제로 자리잡고 있는 국가(이 경우 그들은 이 국가의 시민일 수도 있고 아닐 수도 있다)의 국경정책뿐만 아니라 많은 다른 국가들의 국경정책에 의해서도 직접 영향을 받아왔다. 그렇기 때문에 그런 특정의 경제적 생산자들은 몇몇 국가들 안에서, 때로는 정말로 아주 많은 국가들 안에서 여러 정치적 목적을 동시에 추구하는 데 관심을 기울여왔던 것이다. 자신의 정치적 활동범위를 그가 속한 국가에만 한정시켜야 한다는 생각은 자본의 축적 자체를 목적으로 추구하고 있던 사람들의 생각과는 완전히 대립되는 것이었다.

물론 국경을 넘어도 될 것과 넘어선 안 될 것을 규정한, 그리고 어떤 조건에서는 되고 어떤 조건에서는 안 되는가를 규정한 규칙에 영향을 끼치는 한 가지 방법은――한 국가가 다른 국가를 완전히 편입시킴으로써(통합, **합병**, 식민지화), 영토의 일부를 강점함으로써, 또는 분리시키거나 탈식민지화함으로써――실제 국경선을 변경하는 길이었다. 국경선의 변경이 세계경제의 사회적 분업의 패턴에 직접적인 영향을 끼쳐왔다는 사실은 특정한 국경선의 변경을 찬성하거나 반대한 모든 사람들이 가장 중요하게 생각한 사항이었다. 민족들(nations)의 한계를 정하는 데 이데올로기를 동원함으로써 어떤 특정의 국경선 변경이 더 용이해질 수도 있고 덜 용이해질 수도 있는데, 이같은 사실은 민족주의운동에 대해서 직접적인 경제적 의미를 부여해왔다. 그것은 그 운동에 참가한 사람들이나 그밖의 다른 사람들 모두 그같이 예정된 국경선 변경 다음에는 으레 특정한 국가정책이 뒤따르게 마련이라고 생각했기 때문이다.

국가권력이 역사적 자본주의의 작동과 깊은 관련을 갖게 되는 두번째 요소는 국가가 그 영토적 관할권 내의 사회적 생산관계를 지배하는 규칙들을 결정할 수 있는 법적 권리를 갖고 있다는 점이었다. 근대의 국가구조들은 일련의 전통적인 생산관계를 폐지하거나 수정할 수 있는 이런 권리를 사취(詐取)했다. 법률 문제에 관한 한 국가는 자신이 스스로에게 부과한 것들말고는 자신의 입법영역에 대한 어떠한 제약도 인정하지 않았다. 특정 국가의 헌법이 종교적 교리나 자연법 이론에서 비롯된 제약들에 대해 이념적인 사탕발림을 늘어놓고 있던 곳에서조차 이런 교리나 이론을 해석하는 권한은 헌법상의 어떤 기구나 개인에게 유보돼 있었다.

노동통제의 양식을 입법화하는 이런 권리는 그저 이론에 불과한 것이 결코 아니었다. 국가는 이런 권리를 정상적으로 사용해왔으며, 종종 이를 통해 기존의 패턴을 근본적으로 변경하고자 했다. 으레 예상되는 바와 같이 역사적 자본주의하에서 국가는 노동자들이 한 직종에서 다른 직종으로 이동하는 것을 막는 여러가지 전통적인 제약들을 폐지함으로써 노동력의 상품화를 증대시키는 법률을 제정해왔다. 게다가 국가는 노동자들에게 현금에 의한 재정적 의무를 부담시켰는데, 이에 따라 일부 노동자들은 흔히 임금노동에 종사할 수밖에 없었다. 그러나 다른 한편으로는, 이미 살펴보았듯이 국가가 여러 법적 행위를 통해서 완전한 프롤레타리아화를

억제하는 일도 종종 있었는데, 거주지에 대한 제한을 가한다든가,
또는 친족집단이 그 구성원들의 복지에 대해 몇가지의 책임을 계
속 떠맡아야 한다고 주장함으로써 그랬던 것이다.

국가는 생산관계를 통제했다. 국가는 처음에는 특정 형태의 강
제노동(노예노동, 공적 노역 의무, 계약제 강제노역(indenture)
등)을 합법화했으며 또 나중에는 이를 불법화했다. 국가는 계약사
항을 보장하고, 또 상호간의 최소의무와 최대의무를 규정하는 등
임금노동 계약에 관한 규정들을 만들어냈다. 국가는 국경을 넘나
드는 노동력이동만이 아니라 국내에서의 노동력이동에 대해서도
지리적 한계를 법령으로 제정, 공포했다.

국가의 이러한 온갖 결정들은 그것들이 자본축적에 대해 직접적
으로 어떤 경제적 의미를 갖는가 하는 관점에서 내려졌다. 이러한
사실은 법률제정이나 행정 면의 여러 정책대안들을 놓고 벌어진
무척이나 많은 논쟁들에 관한 당시의 기록들을 죽 훑어보기만 해
도 쉽사리 입증될 수 있다. 더욱이 국가는 여러 반항적인 집단들,
특히 반항적인 노동자들에 대해 여러 규제들을 강제적으로 적용하
는 데 으레 상당한 정력을 쏟아왔다. 노동자들이 그들의 행위에
대한 법적 규제들을 무시하도록 내버려두는 예는 극히 드물었다.
그와는 정반대였다. 다시 말해서 노동자들의 반란은 개인적인 것
이건 집단적인 것이건, 소극적인 것이건 적극적인 것이건 으레 국
가기구에 의한 억압적 대응을 즉각 불러일으켰다. 이윽고 조직화
된 노동계급의 운동을 통해서 그런 억압행위에 어떤 제한을 가할
수 있게 되고 또 정부의 통제규정들을 그들에게 약간 유리한 방향
으로 수정할 수 있게 되었던 것도 틀림없는 사실이다. 그러나 그
런 운동이 이같은 성과를 얻을 수 있었던 것은 주로 그들이 국가
기구의 정치적 구성에 영향을 줄 만한 힘을 가지고 있었기 때문이

다.

국가권력의 세번째 요소는 징세권이었다. 징세는 물론 역사적 자본주의의 발명품이 아니었다. 역사적 자본주의 이전의 여러 정치구조에서도 징세는 국가기구를 위한 수입원으로 사용되었다. 그러나 역사적 자본주의는 두 가지 면에서 징세의 성격을 변형시켰다. 먼저, 세금은 국가의 주요한 (정말 압도적인 부분을 차지하는) 정규적 수입원이 되었는데, 그것은 (다른 국가들한테서 거두어들이는 것까지 포함하여) 국가의 형식적 관할권 안팎에 있는 사람들한테서 강제적으로 거두어들이는 비정규적 징발과는 전혀 다른 국가수입이었다. 둘째로, 산출된 가치 또는 축적된 가치의 총량 중에서 징세가 차지하는 비율을 놓고 볼 때, 징세는 자본주의 세계경제가 역사적으로 발전해옴에 따라 꾸준히 팽창해온 현상이었다. 이는 국가가 통제한 자원의 양이라는 관점에서 볼 때 국가의 중요성이 점점 더 커져왔음을 의미했다. 왜냐하면 그런 자원에 의해서 국가는 자본축적을 더욱 촉진할 수 있었을 뿐만 아니라, 자원 자체도 분배되어 더 많은 자본축적을 위해 직접적 혹은 간접적으로 투입될 수 있었기 때문이다.

징세권은 국가구조 자체에 대한 적의와 저항의 표적이 되는 그런 권력이었다. 그것은 타인의 노동의 과실을 수탈해가는 일종의 얼굴 없는 악한 같은 것으로 여겨졌다. 여기서 꼭 유념해두어야 할 것은 특정한 징세를 추진한 세력들이 정부 밖에 존재하고 있었다는 점이다. 그들이 이렇게 특정한 과세를 추진한 까닭은 그런 징세과정이 결과적으로 그들에 대한 직접적인 재분배를 가져다주거나, 또는 정부로 하여금 외부경제(external economies)를 창출할 수 있게 해줄 것이기 때문이었는데, 그런 외부경제는 그들의 경제적 지위를 향상시켜주든지 아니면 결국 그들에게 경제적으로 도움이 되게끔 다른 사람들에게 불이익을 끼치는 것이었다. 요컨대 징세권은 국가가 어느 특정 집단에 유리하도록 자본축적 과정을 도와주는 가장 직접적인 방법들 가운데 하나였던 것이다.

국가가 가진 재분배의 힘은 이제까지 주로 그것이 지닌 평등화의 잠재력이라는 측면에서만 논의되어왔다. 이는 복지국가의 주된 관심사인 것이다. 그러나 재분배는 실질소득을 같은 수준으로 접근시키는 메커니즘으로서보다는 오히려 분배를 양극화하는 메커니즘으로서 훨씬 더 광범하게 이용되어온 것이 사실이다. 자본주의 시장이 계속 작용해온 결과 생겨난 기존의 양극화에 **더하여** 보수의 양극화를 한층 더 심화시켜온 주요한 메커니즘으로는 다음 세 가지를 들 수 있다.

정부는 무엇보다도 먼저 징세과정을 통해서 거액의 자본을 집적할 수가 있었으며, 이것을 공적인 보조금이라는 형태를 통해서 이미 거대한 자본을 가지고 있는 개인이나 집단들에게 재분배해왔다. 이런 보조금은 대개 공공써비스라는 얄팍한 구실하에 공공연한 교부금의 형태를 취해왔다(그것은 본래 써비스에 대한 과잉지불을 수반하는 것이었다). 그러나 그것은 또한 생산품 개발에 드는 비용을 국가가 부담한다는 좀 덜 직접적인 형태를 취하기도 했다. 이때 그 개발비용은 나중에 그 상품을 판매함으로써 얻어지는 이윤으로 상각될 수 있다는 것이었지만, 결국은 비용이 많이 드는 개발 단계가 완료되자마자 그 경제적 활동을 명목상의 원가로 정부 밖에 있는 기업가들에게 넘겨주었던 것이다.

둘째로, 정부는 형식상 합법적이며 게다가 흔히 정당한 것으로 인정되는 징세라는 통로를 통해서 거액의 자본을 집적할 수가 있었는데, 이런 통로는 불법적이긴 하지만 사실상으로는 아무런 제약도 받지 않는, 공공자금에 대한 대규모 횡령의 손쉬운 표적이

되어왔다. 역사적 자본주의의 전과정에 걸쳐, 공공수입을 이처럼 도둑질하는 행위는 이와 관련한 부패한 사적 징세과정과 더불어 사적 자본축적의 주요 원천이 되어왔다.

마지막으로 정부는, 이윤은 개인이 차지하지만 위험부담은 사회가 진다는 원칙을 이용함으로써 부유한 층에게 유리하도록 재분배를 해왔다. 자본주의체제의 역사 전체를 통해서 위험부담이 커지면 커질수록——그래서 손실이 커지면 커질수록——정부가 개입하여 파산을 막아주고, 심지어는 오직 재정적 혼란을 피하기 위해서라는 구실만으로 그런 손실을 보상해주기까지 하는 경향이 더욱 강해졌다.

이같은 반(反)평등주의적인 재분배 행위들은 국가권력의 수치스런 측면이 되어왔지만(정부 자체가 이런 행위에 대해서 약간은 당혹스러워했고 그래서 이를 감추려고 노력했다는 의미에서 수치스러웠다는 것이다), 한편으로 정부가 사회간접자본을 마련하는 일은 공공연하게 떠벌려져왔다. 그리고 실은 이런 일이 역사적 자본주의를 유지하는 데서 국가의 본질적 구실이라고 옹호되기까지 했던 것이다.

여러 부류의 자본소유-생산자(owner-producer) 집단의 비용을 감소시키는 데 결정적인 구실을 하는 지출들——즉 기초적 에너지, 운송 그리고 세계경제의 정보전달 기반시설 등——은 주로 공공자금에 의해서 개발되고 유지되어왔다. 대부분의 사람들이 이러한 사회간접자본의 혜택을 **어느정도** 입어왔던 것은 의심할 나위 없는 사실이지만, 모든 사람이 평등하게 혜택을 입어온 것은 아니었다. 이익은 이미 거대한 자본을 가지고 있는 사람들에게 지나칠 정도로 더 많이 돌아갔는데, 이런 이득에 대한 대가는 훨씬 더 평등한 징세제도를 통해서 누구나 똑같이 치렀던 것이다. 따라서 사회간접자본의 형성은 자본의 축적과 자본의 집중을 촉진하는 데 기여해왔던 것이다.

끝으로, 국가는 군사력을 독점해왔거나 또는 독점하려고 노력해왔다. 경찰력이 주로 국내질서의 유지(즉 노동자들이 그들에게 배당된 역할과 보수를 받아들이는 것)를 위해 사용된 데 대해, 군대는 한 국가 안에 있는 생산자들이 다음과 같은 일, 즉 다른 국가들 안에 자리잡은 그들의 경쟁자들이 그들 자신의 국가기구라는 보호장치에 호소해야 하는 일이 일어나지 않게끔 직접적으로 영향력을 행사할 수 있는 메커니즘이었다. 이 사실은 국가권력의 결정적인 마지막 특징을 드러내준다. 각 국가가 행사해온 권력의 종류는 유사했지만, 특정 국가기구가 가지고 있던 권력의 수준은 엄청나게 달랐던 것이다. 국가들은 하나의 실질적인 힘의 계서제 안에 자리잡고 있었는데, 그같은 힘은 그들의 관료집단과 군대의 크기나 결속력 또는 자기자신들에 대한 그들의 이념적 신조 따위에 의해서 측정될 수 있는 것이 아니라, 그들의 경쟁 상대국들에 비해서 축적된 자본의 국내 집중을 더욱 촉진할 수 있는 장기간의 실질적 능력에 의해서 측정될 수 있다. 이같은 실질적 능력은 적대국의 군사력을 억제하는 능력, 자국에 유리한 규정들을 제정하되 다른 국가들이 그렇게 하는 것을 저지하는 능력, 그리고 자기 나라의 노동자들을 억압하되 경쟁 상대국들이 이같이 할 수 있는 힘을 약화시키는 능력을 의미했다. 국가들이 지닌 힘의 참다운 척도는 중기적인 경제적 성과에 있는 것이다. 국내 노동력을 통제하기 위해 국가기구가 공공연히 폭력을 사용하는 것은 비용이 많이 들고 또 안정을 깨뜨리는 수단이어서, 그 국가가 강력함을 나타낸다기보다는 오히려 흔히 취약함을 나타내는 징후인 것이다. 정말로 강한 국가기구는 좀더 교묘한 메커니즘을 통해서 이런저런 수단으로 그들의 노동력을 통제할 수 있었던 것이다.

국가가 자본축적의 극대화를 위한 중요한 메커니즘으로 작용해 온 방법으로는 이처럼 여러가지 길이 있다. 자본주의 이데올로기에 따르면, 자본주의란 사기업가들의 활동이 국가기구의 간섭에서 벗어나 있음을 의미하는 것으로 되어 있었다. 그러나 실제로 이것은 그 어디에서도 전혀 사실이 아니었다. 근대국가의 적극적인 역할 없이도 자본주의가 번성할 수 있었을 것인가 하는 문제를 따지는 일은 부질없는 짓이다. 역사적 자본주의하에서 자본가들은 지금까지 개략적으로 서술한 여러가지 방식으로 국가기구를 이용하는 그들 스스로의 능력을 발휘하여 자신의 이익을 추구해왔다.

두번째의 이데올로기적 신화는 국가주권에 관한 것이다. 근대국가는 완전히 자율적인 정치적 실체가 결코 아니었다. 국가는 하나의 국가간체제(interstate system)의 필수적인 부분으로서 발전하고 형성되어왔는데, 그런 국가간체제는 국가들이 행동하는 데 반드시 따라야만 한 일련의 규칙체계였으며 국가들이 살아남는 데 꼭 필요한 일련의 정당화체계였다. 어느 특정 국가의 국가기구라는 관점에서 볼 때, 국가간체제는 그 국가의 의지에 대한 여러 제약들을 뜻했던 것이다. 이런 제약들은 외교상의 여러 관행, 관할영역과 계약사항들에 관한 공식적인 규칙들(국제법), 그리고 전쟁 행위가 어떻게 또 어떤 상황에서 수행될 수 있는가 하는 점에 대한 여러 제한들로 나타나기 마련이었다. 이 온갖 제약들은 공적인 주권 이념과는 상충하는 것이었다. 하지만 주권이라는 것이 진정으로 완전한 자율성을 의미하는 것이었다고는 결코 말할 수 없는 것이다. 주권이라는 개념은 오히려 한 국가기구가 다른 국가기구의 활동에 간여할 수 있는 합법적 권한에 여러 한계가 있음을 보여주기 위한 것이었다.

물론 국가간체제의 여러 규칙들은 동의나 합의로 시행된 것이 아니라, 그런 제약들을 우선 좀더 약한 국가들에게, 그 다음에는 자기들 상호간에 강제할 수 있는, 좀더 강한 국가들의 자발적 의도와 능력에 따라 시행되었다. 잊지 말아야 할 것은 국가들이 힘의 계서제 안에 자리잡고 있었다는 점이다. 이러한 계서제가 존재한다는 사실 자체가 국가들의 자율에 대한 커다란 제한이 되고 있었다. 아닌게아니라, 국가들의 권력이 완전히 사라지고 끝내는 계서제가 그 정상에서 하나의 평평한 고원(高原)을 이루는 게 아니라, 피라미드식 정점을 이루게 되는 방향으로 상황이 나아갈 수도 있었다. 이렇게 될 가능성은 한낱 가정에 불과한 것이 아니었다. 왜냐하면 집중된 군사력을 통해서 국가간체제를 하나의 세계제국(world-empire)으로 변형시키려는 도전들이 여러 차례 되풀이되었기 때문이다.

역사적 자본주의하에서 이러한 도전이 한번도 성공하지 못한 것은, 경제체제의 구조적 기반 그리고 주요한 자본축적자들이 뚜렷이 인식하고 있었던 이해관계가 세계경제를 세계제국으로 변형시키는 일과 근본적으로 대립되어 있었기 때문이다.

무엇보다도, 자본의 축적은 사람들이 항상 서로 앞다투어 거기에 끼여들고자 하는 그런 게임이었으며, 그래서 이익이 가장 많이 나는 생산활동에는 언제나 어느 정도의 확산현상이 있게 마련이었다. 그렇기 때문에 언제 어느 때든 많은 나라들이 자기 나라를 다른 나라보다 더 강하게 만드는 어떤 경제적 기반을 흔히 보유하게 되었던 것이다. 둘째로, 어느 특정 국가 내의 자본축적자들은 자기들의 자본축적에 보탬이 되도록 그들 자신의 국가구조를 이용했다. 그러나 동시에 그들은 자기자신의 국가구조에 **대항하는** 어떤 통제수단 역시 필요로 했다. 왜냐하면 그들의 국가기구가 너무 강해지면, 그것은 국내의 정치적 평형상태를 유지한다는 이유를 내세워 평등화를 바라는 국내의 요구에 마음대로 따를 수도 있기 때문이다. 이런 위험을 방지하기 위해 자본축적자들은 다른 국가기구들과 동맹관계를 맺음으로써 그들 자신의 국가기구가 제멋대로 행동하지 못하도록 위협할 필요가 있었다. 이같은 위협은 어느 한 국가가 전체를 지배하는 것과 같은 일이 없을 때에만 가능했던 것이다.

이러한 점들로 말미암아 이른바 세력균형의 객관적 기반이 형성되었는데, 세력균형이란 어느 특정 시점의 국가간체제 안에 있는 수많은 강대국들과 준강대국들(medium-strong states)이 여러 동맹관계를 유지함으로써 (그리고 필요하다면 이를 변경함으로써) 어느 한 국가가 다른 모든 국가들을 완전히 정복하지 못하게 함을 의미하는 것이다.

한 강대국이 일시적으로 다른 국가들에 대한 상대적 우위 —— 이른바 헤게모니라 할 수 있는 그런 상대적 우위 —— 를 차지한 세 가지 보기를 살펴보면, 세력균형이란 것이 단순히 정치적 이데올로기에 의해서만이 아니라 그밖의 다른 것들에 의해서도 유지되어왔다는 사실을 알 수 있다. 17세기 중엽의 네덜란드(the United Provinces)의 헤게모니, 19세기 중엽의 영국의 헤게모니 그리고 20세기 중엽의 미국의 헤게모니가 바로 그것들이다.

이중 어느 경우나 헤게모니는 군사적 정복을 기도한 세력(합스부르크가, 프랑스, 독일)이 패배한 후에 나타났다. 모든 헤게모니는 제각기 하나의 '세계전쟁'에 의해서 뚜렷이 성립되었는데, 이런 전쟁은 지상전 중심이며 극히 파괴적인 대규모 싸움으로서, 당시의 주요 군사강국들이 모두 참가해서 30년 동안 단속적으로 계속된 싸움이었다. 이들은 각각 1618~48년의 30년전쟁, 나뽈레옹전쟁(1792~1815), 그리고 1914년과 1945년 사이에 일어난 20세기의 여러 싸움——이것도 하나의 단일한 긴 '세계전쟁'이라고 보는 것이 옳다——등이었다. 여기서 하나 지적해두어야 할 것은, 이 모든 경우에 전승국은 '세계전쟁' 이전에는 주로 해양국가였는데, 세계경제를 하나의 세계제국으로 변형시키려고 하는 듯이 여겨진 역사상의 한 지상 강국과의 전쟁에서 승리하기 위해 자기 스스로도 하나의 지상 강국으로 변모했다는 점이다.

그러나 승리의 기반은 군사적인 것에 있지 않았다. 현실적으로 가장 중요한 요소는 경제적인 능력, 즉 특정 국가 내의 자본축적자들이 농공업 생산, 상업, 금융이라는 세 가지 중요한 경제 분야 전역에 걸쳐 다른 사람들을 경쟁에서 누를 수 있는 그런 능력이었다. 특히 단기간이기는 하지만 헤게모니국가의 자본축적자들은 다른 강대국들 내의 그들의 경쟁 상대자들에 비해 더 효율적이었으며, 그래서 후자의 '본고장' 안에서조차도 시장을 지배할 정도였다. 이런 헤게모니는 하나같이 다 단명했다. 그것은 모두 정치적·군사적 이유보다는 경제적 이유로 말미암아 끝장이 났다. 어느 경우든 일시적인 3중의 경제적 우위는 자본주의의 현실이 안고 있는 두 가지 걸림돌에 부딪히게 되었다. 첫째로, 더 높은 경제적 효율성을 낳은 요인들은 언제나 다른 나라들이——진짜로 미약한 나라는 아니고 중간 정도의 힘을 가진 나라들이——모방할 수 있었으며, 또 어떤 특정의 경제적 과정에 늦게 참여한 나라들은 낡은 설비를 감가상각하지 않아도 된다는 이점을 갖게 마련이었다. 둘째로, 헤게모니국가는 아무런 방해 없이 경제적 활동을 계속해 나가는 일에 모든 관심을 집중시켰고, 따라서 국내의 재분배를 통해서 노동평화를 사들이는 방향으로 나아갔다. 시간이 지남에 따라 이는 경쟁력을 약화시켰고, 그럼으로써 종국에는 헤게모니의 종말을 가져왔던 것이다. 게다가 헤게모니국가가 광대한 육상과 해상 지역에 대한 군사적 '책임'을 떠맡는 국가로 바뀜에 따라 그런 헤게모니국가가 져야 할 경제적 부담도 그만큼 커지고, 그 결과 군사비 지출에서 '세계전쟁' 이전의 낮은 수준으로 되돌아가기가 어려웠다.

따라서 세력균형——약한 국가와 강한 국가를 다같이 억제하는 그런 균형——은 쉽사리 무너뜨릴 수 있는 정치적인 부수현상이 아니었다. 그것은 역사적 자본주의에서 자본이 축적되는 방식 자체 속에 뿌리박고 있었다. 또한 세력균형은 그런 국가기구들간의 어떤 관계에 그치는 것이 아니었다. 왜냐하면 어느 특정 국가의 행위자들이라도, 자신이 직접 또는 다른 곳의 행위자들과의 동맹을 통해서 자기 나라의 국경을 넘어서 활동하는 것이 보통이었기 때문이다. 그러므로 어느 특정 국가의 정치를 평가하는 데 국내와 국외를 구분하는 것은 완전히 형식적인 것이며, 따라서 그런 구분은 정치투쟁이 실제로 어떻게 일어났는가 하는 점을 이해하는 데 별 도움이 되지 않는 것이다.

그러면 실제로 누가 누구와 투쟁하고 있었는가? 이것은 언뜻 보는 만큼 그렇게 간단명료한 질문이 아니다. 왜냐하면 역사적 자본주의 안에는 상호 모순되는 여러 압력들이 존재하기 때문이다. 가장 기본적인 투쟁 그리고 어느 면에서 가장 분명한 투쟁은 그 체제의 커다란 수혜자들인 소수집단과 그 희생자들인 거대한 집단 사이의 투쟁이었다. 이 투쟁은 여러가지 이름 아래 진행되고 여러가지 모습으로 나타난다. 어느 특정 국가 안에서 자본축적자들과 그들의 노동력 사이에 꽤 뚜렷하게 선이 그어진 경우, 우리는 이것을 흔히 자본과 노동 사이의 계급투쟁이라 불러왔다. 이같은 계급투쟁은 두 현장에서——즉 경제적 분야(실제 노동의 장에서 그리고 동시에 좀더 넓은 무형의(amorphous) '시장' 안에서)와 정치적 분야에서 ―― 일어났다. 분명히 경제적 분야에서는 논리적이며 즉각적인 직접적 이해관계의 충돌이 있었다. 노동력에 대한 보수가 많아지면 많아질수록 '이윤'으로 남겨진 잉여는 적어졌다. 좀더 장기적이고 거시적인 측면을 고려해서 취해진 여러 조치로 이런 대립관계가 완화되는 일이 종종 있었던 것은 사실이다. 특정의 자본축적자와 그에 고용된 노동자들은 체제 내의 다른 곳에서 짝을 이루고 있는 다른 자본축적자와 노동자들에 대해서 같은 이해관계를 가지고 있었다. 그리고 어떤 상황에서는 노동자들에게 더 많은 보수를 주더라도 이는 세계경제 안에서 총현금구매력이 증대됨으로써 생기는 거치된 이윤(deferred profit)으로서 자본축적자들에게 되돌아올 수도 있었다. 그러나 이처럼 여러모로 달리 생각할 만한 점들이 있었음에도 불구하고 일정한 양의 잉여를 분배하는 일이 결국 제로섬 게임이라는 사실은 결코 부정할 수 없었으며, 이래서 긴장관계는 어쩔 수 없이 지속되어왔다. 그 결과 이런 긴장관계는 여러 나라 안에서 정치권력 다툼으로 줄곧 표출되어왔던 것이다.

그러나 다 알다시피, 자본의 축적과정은 어떤 지리적 지역으로의 집중화를 가져왔기 때문에, 또 이런 집중화의 원인인 부등가교환은 국가들의 계서제를 담고 있는 하나의 국가간체제가 존재함으로써 가능했기 때문에, 게다가 국가기구들은 이 체제의 작동을 변경하는 데 비록 제한된 것이기는 하나 어느 정도의 힘을 가지고 있었기 때문에, 전세계 자본축적자들과 전세계 노동자들 사이의 투쟁은 특정의 (약한) 국가들 안의 여러 집단들이 그보다 강한 국가들 안의 자본축적자들에 맞서 싸우는 데 국가권력을 이용하기 위해 그것을 장악하려는 노력으로도 상당히 나타났다. 이런 일이 일어나면, 으레 우리는 이를 반제국주의 투쟁이라 부르곤 했다.

여기서도 분명히 문제의 핵심이 종종 흐려지곤 했는데, 그것은 문제가 되는 두 나라의 국내적 대립구도가 세계경제 전체 내의 계급투쟁을 밑에서 떠받치던 강력한 열망과 언제나 완벽하게 일치하지는 않았다는 사실에서 비롯된 것이었다. 약한 국가 내의 일부 자본축적자들과 강한 국가 내의 일부 노동자들은, 여러 정치적 쟁점들을 계급적·민족적인 이중적 관점에서 규정하는 것보다는 오로지 민족적인 관점에서만 규정하는 것이 단기적으로 유리하다고 생각했다. 그러나 투쟁에 계급적 내용이 들어 있지 않고서는, 그리고 최소한 암묵적으로나마 그것이 하나의 이데올로기적 주제로 이용되지 않고서는, '반제국주의' 운동의 추진을 대대적으로 동원하는 것은 결코 가능하지 않았으며, 따라서 한정된 목적조차도 좀처럼 달성할 수가 없었던 것이다.

또한 앞서 지적한 바와 같이 인종집단의 형성과정은 (각 집단들에게) 경제구조 내의 지위를 배정하는 대략적인 규범 구실을 함으로써, 특정 국가들 안의 노동력 형성과정과 긴밀하게 연결되어 있었다. 따라서, 이런 일이 더욱 첨예한 형태로 일어나거나 또는 주위 여건상 생존에 대한 압력이 좀더 격심했던 곳이면 어디서든, 자본축적자들과 노동자들 중에서도 좀더 극심하게 억압받은 부류 사이의 충돌은 곧잘 언어적·인종적·문화적 투쟁이라는 형태를 띠었는데, 그것은 이런 언어·인종·문화와 같은 구분기준들이 계급성원 자격과 깊은 상관관계를 가지고 있기 때문이다. 이런 일이 일어난 때와 장소를 가릴 것 없이, 우리는 흔히 이를 가리켜 인종적 투쟁 또는 민족적 투쟁 운운해왔다. 그러나 정확히 말하자면, 반제국주의 투쟁의 경우와 마찬가지로, 이런 투쟁들은 기본적인 투쟁, 즉 자본주의체제 안에서 산출된 잉여를 차지하려는 계급투쟁에서 우러나온 감정을 동원하지 않고서는 좀처럼 성공하지 못했다.

　그렇다 하더라도, 이런 계급투쟁이 명확하면서도 또한 근본적인 것이라고 해서 오로지 거기에만 관심을 쏟는다면, 우리는 역사적 자본주의하에서 적어도 그것만큼이나 많은 시간과 정력이 소요된 또 하나의 정치투쟁을 놓쳐버리게 될 것이다. 왜냐하면 자본주의 체제는 모든 자본축적자들이 서로서로 싸우게끔 하는 그런 체제이기 때문이다. 자본가들이 끊임없는 자본축적을 추구해온 방식은 다른 경쟁 상대자들의 노력에 맞서서 경제활동으로부터 나오는 이윤을 실현하는 것이었기 때문에, 어떠한 개별 기업가도 다른 어떤 기업가에 대해서 변덕스러운 동맹자 이상의 관계를 결코 유지할 수가 없었다. 그렇지 않다가는 경쟁판에서 완전히 쫓겨날 수밖에 없었던 것이다.

　한 기업가 대 다른 기업가의 투쟁, 한 경제분야 대 다른 경제분야의 투쟁, 한 국가나 인종집단에 속한 기업가들 대 다른 국가나 인종집단에 속한 기업가들의 투쟁, 이런 투쟁은 본래 끊임이 없는 것이었다. 그리고 이런 끊임없는 투쟁은 한결같이 정치적 형태를 띠어왔는데, 그것은 다름아니라 바로 자본축적에서 국가가 중심적인 구실을 맡고 있었기 때문인 것이다. 때에 따라서 국가 내부에서 일어나는 이런 투쟁들은 단순히 국가기구의 종사자 개개인에 관한 문제라든지 단기적인 국가정책들을 둘러싼 것이었다. 그러나 어떤 때는 그같이 좀더 단기적인 투쟁에 관한 규칙들을 결정하고, 또 그럼으로써 어느 당파의 지배 가능성을 좌우하는 것과 같은 좀더 큰 '헌정적인'(constitutional) 문제를 둘러싼 투쟁인 경우도 있었다. 이런 투쟁들이 '헌정적인' 성격을 띤 경우에는 항상 이데올로기를 통해서 더욱 대규모의 인원을 동원할 필요가 있었다. 이런 경우 '혁명'이니 '대개혁'이니 운운하는 소리를 듣게 되며, 패자

쪽에게는 흔히 모욕적인 (그러나 낱낱이 따져보면 분명히 부당한) 딱지가 붙여지곤 했다. 가령 '봉건제'나 '전통'에 반대하고 '민주주의'나 '자유'를 위해 싸웠다고 하는 그런 정치적 투쟁들은 자본주의에 대한 노동계급의 투쟁이 결코 아니었으며, 그런 만큼 그것은 본질적으로 자본축적을 위한 자본축적자들 상호간의 투쟁이었다. 이런 투쟁은 반동계층에 대한 '진보적' 부르조아지의 승리가 아니라 부르조아 **내부의** 투쟁이었던 것이다.

물론 진보에 관련된 '보편화'(universalizing)의 이데올로기적 구호들을 이용하는 것은 정치적으로 유용한 일이었다. 그것은 계급투쟁에 동원된 사람들을 내부투쟁을 벌이는 자본축적자들 가운데 어느 한쪽과 결합시키는 방법이었다. 그러나 이처럼 이데올로기를 동원하는 것의 장점도 양날을 가진 칼인 수가 종종 있어서, 계급투쟁에서 격정을 자유로이 분출시키고 억압적인 여러 제약들을 약화시키는 측면도 가지고 있었다. 이것은 물론 역사적 자본주의에서 자본축적자들이 줄곧 직면해온 딜레마의 하나였다. 자본주의체제의 작동에 따라 자본축적자들은 그들과 정반대의 이익을 추구하는 노동자들의 노력에 맞서 서로 계급적으로 연대해서 행동할 수밖에 없었지만, 동시에 경제와 정치의 두 장에서 서로서로 끊임없이 싸울 수밖에 없기도 했다. 이 체제가 그 내부에 지니고 있는 한 가지 모순이란 바로 이를 두고 하는 말이다.

정치투쟁에 들이는 총에너지 가운데 많은 부분이 계급투쟁 이외의 다른 투쟁들에 소모되고 있다는 점에서 볼 때, 계급분석이 정치투쟁을 이해하는 데 과연 관련이 있는지 의심스럽다고 결론지은 분석가들이 많이 있다. 그러나 이것은 이상스런 추론이다. 계급에 기반을 두지 않은 이같은 정치적 투쟁, 즉 정치적 우위를 차지하려는 자본축적자들 사이의 투쟁은, 전세계적으로 진행되는 계급투쟁에서 이들 자본축적자 계급이 정치적으로 심각한 구조상의 약점을 안고 있음을 드러내는 증거라고 결론짓는 것이 차라리 더 합당할 것이다.

바꾸어 말하자면, 이러한 정치투쟁들은 특정 경제행위자들에게 자동적으로 이익이 돌아가는 그런 유의 세계시장을 형성할 수 있도록 자본주의 세계경제의 제도적 구조를 만들어내려는 투쟁이라고 할 수 있다. 자본주의적 '시장'은 결코 어떤 주어진 것이 아니었으며, 불변의 것은 더군다나 아니었다. 그것은 정기적으로 다시 만들어지고 조정되는 그런 창조물이었다.

어느 특정 시점에서나 '시장'은 다음과 같은 네 종류의 주요 제도들이 복잡하게 상호 작용한 데서 생겨난 일련의 규칙이나 규제들을 가리키는 것이었다. 그것은 첫째, 국가간체제 안에서 서로 연결되어 있는 다양한 국가들, 둘째 이런 국가들과 불안정하고 불확실한 관계를 맺고 있는 다수의 '민족들'(nations) —— 이들 중에는 완전히 승인된 민족도 있고 또는 그런 공적인 승인(규정)을 얻기 위해 투쟁하고 있는 민족도 있다〔또한 여기에는 '인종집단'(ethnic groups)과 같은 준(소수)민족들(subnations)도 포함된다〕, 셋째 종사하는 직업들의 윤곽이 점점 뚜렷해지며 의식수준에서도 다양한 편차를 보이는 여러 계급들, 넷째 계급들과 불안정한 관계를 맺고 있는 공동소득제(income-pooling)의 단위들, 즉 여러 형태의 노동에 종사하고 여러 원천으로부터 소득을 얻고 있는 여러 사람들이 결합된 공통의 가계활동 단위들이다.

이처럼 여러 제도화된 세력들로 이루어진 별자리 구도에서 북극성과 같은 어떤 고정된 중심점은 없었다. 자신의 경제적 생산물이 수탈당하는 데에 저항하는 노동자들의 투쟁에 대해서 자본축적자들은 양보할 때도 있고 대항할 때도 있었는데, 이같은 자본축적자들의 의도에 따라 만들어진 여러 형태의 제도들을 누를 수 있으리만큼 유력한, 어떤 '원초적인'(primordial) 실체는 없었다. 갖가지 형태의 제도마다 가지고 있는 한계선, 즉 그것이 법률상 그리고 사실상 가질 수 있었던 여러 '권리들'은 주기변동적 시간에서나 장기적 시간에서나 세계경제의 지역마다 달랐다. 이같은 제도들의 소용돌이를 지켜보노라면 아무리 주의깊은 분석자라도 현기증을 느끼겠지만, 다음과 같은 사실만 상기한다면 뚜렷한 길을 찾아나갈 수 있을 것이다. 즉, 역사적 자본주의하에서 자본축적자들은 더 많은 자본축적이라는 목적 이외의 더 큰 목적을 가지고 있지 않았으며, 따라서 노동자들도 살아남는 것과 그들의 부담을 더는 것 이외의 더 큰 목적을 가질 수 없었다는 사실이다. 일단 이 점을 상기하면 우리는 근대세계의 정치사의 의미를 충분히 이해할 수 있다.

특히 우리는 역사적 자본주의에서 나타난 반체제운동(anti-systemic movements)의 처지, 즉 빙빙 돌려서 완곡하게 표현하여야만 하고 또 종종 역설적이거나 자가당착적이기도 한 그런 처지의 복잡한 실상을 제대로 이해할 수 있게 된다. 그중에서도 가장 기본적인 딜레마부터 생각해보자. 역사적 자본주의는 하나의 세계경제 안에서 작동해온 것이지 하나의 세계국가 안에서 작동해온 것은 아니다. 사실은 전혀 그 반대다. 이미 살펴본 바와 같이 여러 구조적 압력들이 세계국가의 건설을 저지하는 방향으로 작용해왔던 것이다. 이 체제 안에서 다수의 국가들 ── 즉 가장 강력하면서도 또한 동시에 제한된 힘을 지닌 정치적 구조들 ── 이 아주 중요한 구실을 하고 있었음은 이미 강조한 바와 같다. 따라서 특정 국가의 구조를 개조하는 것은 노동자들한테는 단번에 스스로의 지위를 개선할 수 있는 가장 유망한 길임과 동시에 제한된 가치를 지닌 길이기도 함을 뜻하였다.

반체제운동이라는 것이 무엇을 뜻하는지부터 살펴봐야 할 것이다. 운동이란 말은 일시적인 성격의 것을 넘어선 어떤 집단적 추진력의 뜻을 담고 있다. 물론 노동자들의 어떤 자발적인 항의나 봉기는 사실 우리가 알고 있는 기존의 모든 역사적 체제 안에서 일어났다. 그것들은 억눌린 분노에 대한 안전판 노릇을 해왔으며, 때로는 착취과정을 조금이나마 제약하는 메커니즘으로서 좀더 효과적으로 작용할 수도 있었다. 그러나 일반적으로 말해서 하나의 저항방법으로서 반란은 중앙권력 당국의 변두리에서나, 그것도 특히 중앙 관료체제가 붕괴국면에 처해 있을 때에나 제대로 통했던 것이다.

역사적 자본주의의 구조는 이러한 기존 여건들을 일부 변화시켰다. 국가들이 국가간체제 안에 자리잡고 있었다는 사실은, 반란이나 봉기가 실제로 일어난 정치적 관할 영역의 경계 밖으로 그 영향이 종종 아주 급속하게 파급되었음을 의미하는 것이었다. 그래서 이른바 '외부' 세력들로서는 직접 공격받고 있는 국가기구를 돕겠다고 나올 만한 강한 동기를 갖게 되었다. 이 때문에 반란은 더욱 어렵게 되었던 것이다. 한편 노동자들의 일상생활에 대한 자본축적자들의 개입 그리고 이에 따른 국가기구의 개입 역시 이전의 역사적 체제들하에서보다 역사적 자본주의하에서 대체적으로 훨씬 더 심했다. 끊임없는 자본축적은 작업조직(그리고 작업배치)을 재편하고, 절대노동량을 증가시키며, 노동력을 심리적·사회적으로 재구성하라는 압력을 되풀이해서 가했다. 이런 점에서 세계 노동자들 대부분에게는 분열과 혼란과 착취가 한층 더 심해졌다. 동시에 이런 사회적 분열 때문에 유화적인 방식에 의한 사회화의 길이 가로막혔다. 이래서 전반적으로 볼 때, 반란이 성공할 가능성은 객관적으로는 줄어들었을 텐데도 불구하고 반란을 일으키려는 동기는 오히려 더 강해졌던 것이다.

바로 이같은 지나친 긴장관계로 말미암아 역사적 자본주의 안에서 발전된 반란의 방식에 일대 혁신이 일어나게 되었다. 이같은 혁신이란 바로 항구적인 조직체를 갖추려는 생각이었다. 우리는 19세기에 이르러서야 비로소 역사상 두 종류의 커다란 저항운동, 즉 노동-사회주의운동과 민족주의운동에서 지속적이며 관료화된 구조가 형성됨을 보게 된다. 이 두 종류의 운동은 다같이 하나의 보편적인 구호 —— 요컨대 자유·평등·우애라는 프랑스혁명의 구호 —— 를 외쳤다. 두 운동은 한결같이 계몽사상의 이데올로기 —— 즉 진보의 필연성, 다시 말해서 인간의 타고난 권리에 의해서 정당화되는 인간해방의 필연성이라는 이데올로기 —— 의 옷을 걸치고 있었다. 두 종류의 운동은 모두 과거에 맞서 미래에, 낡은 것에 맞서 새로운 것에 호소했다. 심지어 전통에 호소하는 경우에도 그것은 하나의 르네쌍스, 즉 하나의 재생의 기반으로서 거론되었던 것이다.

두 가지 운동은 제각기 지향하는 바가 달랐으며, 따라서 처음에는 그 활동장소도 서로 달랐던 것이 사실이다. 노동-사회주의운동은 토지를 갖지 못한 도시의 임금노동자들(프롤레타리아트)과 이들의 노동이 이루어지는 경제적 구조의 소유자들(부르조아지) 사이의 투쟁에 초점을 맞추고 있었다. 이런 운동이 주장한 바는 노동에 대한 보수의 분배가 근본적으로 불평등하고 억압적이며 불공정하다는 것이었다. 그러므로 세계경제 안에서 공업노동자들의 세력이 중요한 의미를 지니고 있던 지역, 특히 서유럽에서 이런 운동이 처음 나타난 것은 당연한 일이었다.

민족주의운동은 일정한 정치적 영역에 속한 수많은 (언어 및/또

72

는 종교상의 특징에 따라서 정의되는) '압박받는 사람들'과 특정의
지배적인 '사람들' 사이의 투쟁에 초점을 맞추고 있었는데, 정치적
권리와 경제적 기회 그리고 합법적인 형식의 문화적 표현이라는
면에서 전자는 후자에 비해 훨씬 뒤떨어져 있었다. 이런 운동이
주장한 것은 '권리'의 배분이 근본적으로 불평등하고 억압적이며
불공정하다는 것이었다. 이런 운동이 오스트리아-헝가리 제국과
같은 세계경제 내의 반주변부(semi-peripheral)지역에서 처음 나타난
것은 당연한 일이었다. 오스트리아-헝가리 제국은 인종-민족집단
을 노동력배분의 계서제 안에서 특히나 불평등하게 배정한 곳이기
때문이다.

　대략적으로 말해서 최근에 이르기까지도, 이 두 종류의 운동들
자체는 피차간에 성격이 전혀 다른 운동, 때로는 서로 대립된 운
동이라고까지 생각했다. 양자간의 동맹은 전술적이며 일시적인 것
으로 치부되었다. 그러나 두 운동이 어떤 구조적 유사성을 상당히
공유하고 있었다는 것은 처음부터 눈에 띄는 사실이었다. 첫째로,
꽤 긴 논쟁을 거친 끝에 노동-사회주의운동이나 민족주의운동이나
모두 운동을 조직화한다는 기본적인 결정을 내렸으며, 그들의 가
장 중요한 정치적 목적을 국가권력의 장악에 둔다는 결정까지도
아울러 내렸다. (심지어 어떤 민족주의운동의 경우 이것이 새로운
국경들을 만들어내는 일과 관련되어 있던 때에도 그랬다.) 둘째
로, 국가권력의 장악이라는 전략적인 결정을 내림으로써 이런 운
동은 반체제적 이데올로기, 다시 말하자면 혁명적 이데올로기에
입각해 대중의 힘을 동원할 필요가 있었다. 이런 운동들은 역사적
자본주의라는 현존 체제에 대항하는 것이었는데, 역사적 자본주의
란 이들 운동이 무너뜨리려고 노력했던, 자본-노동 간의 그리고
핵심부-주변부 간의 구조적 불평등에 입각하여 이룩되어 있었던

것이다.

물론 불평등한 체제하에서 낮은 지위에 있는 집단이 그러한 지위에서 벗어날 수 있는 길은 언제나 두 가지다. 첫째는 모든 사람이 평등한 지위를 갖도록 체제를 재조직하는 길을 택할 수 있다. 아니면 불평등한 분배구조 속에서 그저 자기만 좀더 높은 지위에 오르는 길을 택할 수도 있다. 누구나 다 알다시피 반체제운동이 제아무리 평등주의적인 목적에 주력한다 하더라도, 언제나 그 속에는 단순히 기존 계서제 안에서의 '상승이동'을 그 일차적 또는 궁극적 목적으로 삼는 구성원들이 포함되어 있었다. 운동들 자체도 언제나 이것을 알고 있었다. 그러나 그것들은 이 문제를 개인적인 동기, 즉 개인의 순수한 마음이냐 대의(大義)에 대한 배반이냐 하는 관점에서 논의하기 일쑤였다. 그런데 곰곰이 따져보면, 역사적으로 발전해온 바, 모든 반체제운동의 어떤 특정 국면에는 항상 '대의에 대한 배반' 현상이 있게 마련이었다. 따라서 우리는 동기적인 측면의 설명보다는 구조적인 측면의 설명 쪽에 이끌리게 되는 것이다.

문제를 푸는 열쇠는 실상 국가권력의 장악을 운동의 핵심적 활동으로 삼은 그 기본전략 속에 있는 것 같다. 그런 전략은 두 가지 중요한 결과를 가져왔다. 우선 이 전략으로 말미암아 각 운동은 그 동원 단계에서 전혀 '반체제적'이 아닌 집단들과 전술적 동맹을 맺는 방향으로 나아갔는데, 이것은 그러한 전략적 목적을 달성하기 위한 것이었다. 이런 동맹관계 때문에 반체제운동은 벌써 동원 단계에서부터 그 구조가 변형되고 있었다. 더욱더 중요한 것은 그런 전략이 결국에 가서는 성공하는 일이 많았다는 사실이다. 많은 운동들이 국가권력의 일부나 심지어 그 전부를 장악했던 것이다. 이렇게 성공한 운동들은 곧 자본주의 세계경제 안에서 국가권력에는 여러가지 제약이 있다는 사실과 마주치게 되었다. 운동들은 국가간체제의 작용으로 말미암아 그들의 존재이유였던 '반체제적' 목소리를 낮추는 방식으로 잡은 권력을 행사할 수밖에 없다는 점을 깨닫게 되었던 것이다.

　이 점은 너무나 명백한 사실인 듯하기 때문에, 여기서 우리는 여러 운동들이 왜 이처럼 자멸적인 목표를 그들의 전략기반으로 삼았는지 묻지 않을 수 없다. 대답은 아주 단순한 것이었다. 역사적 자본주의의 정치구조하에서는 다른 선택의 여지가 별로 없었던 것이다. 좀더 유망한 어떠한 대안적 전략도 달리 없는 듯이 보였다. 국가권력을 장악하면 적어도 서로 다투고 있는 집단들 사이의 힘의 균형을 얼마간 변경할 수는 있을 것으로 기대되었다. 다시 말해서 권력장악은 체제의 **개량**(reform)을 의미했던 것이다. 실제로 여러 개량을 통해서 상황이 개선된 것은 사실이다. 그러나 항상 그에 따르기 마련인 대가로서 그러한 개량이 체제를 강화했다는 것 역시 사실인 것이다.

　그렇다면 150년 남짓한 동안 전세계 반체제운동이 해놓은 일이란 그저 개량을 통해서 역사적 자본주의를 강화해온 것이라고 요약할 수 있을 것인가? 그렇지는 않다. 왜냐하면 역사적 자본주의의 정치는 여러 개별 국가들의 정치를 합친 것 이상이었기 때문이다. 그것은 또한 국가간체제의 정치이기도 했다. 반체제운동은 비록 관료적인 조직체를 가지고 있지는 않았지만 개별적인 것들로서만이 아니라 하나의 집단적 전체로서 존재했던 것이다. (여러 인터내셔널은 한번도 이런 운동들 전체를 포괄한 적이 없었다.) 어느 특정 운동이 힘을 갖는 데 관건이 되는 요소는 언제나 다른 운동들의 존재 여부였던 것이다.

　다른 운동들이 어느 특정 운동을 지원하는 방법에는 세 가지 종류가 있었다. 가장 분명한 것은 물질적인 지원이다. 하지만 이것은 도움은 되겠지만 아마도 가장 보잘것없는 지원일 것이다. 두번째는 주의를 딴데로 돌리게 하는 견제적인 지원이다. 예를 들면 어느 특정 강대국이 어느 약소국에서 일어난 반체제운동에 개입할 힘을 얼마나 가질 수 있는가는 언제나 이 강대국이 당장 대처해야만 하는 다른 정치적 사안들을 얼마나 많이 가지고 있었느냐에 달려 있었다. 어느 특정 국가가 국내의 반체제운동에 골머리를 앓고 있으면 있을수록 먼 곳에서 일어나고 있는 반체제운동에 정신을 팔 여유는 그만큼 적었다. 세번째이자 가장 근본적인 지원은 집단심성(collective mentalities)의 측면에서 이루어지는 것이다. 운동은 피차간의 실수에서 서로 배웠으며 피차간의 전술적 성공에서 서로 격려를 받았다. 그리고 전세계적으로 시도된 운동의 여러 노력들은 전세계의 근본적인 정치적 분위기 —— 즉 가능성에 대한 기대와 분석 —— 에 영향을 끼쳤다.

운동이 수적으로 늘어나고, 역사가 쌓이고, 전술적인 성공을 거듭함에 따라서, 그것은 하나의 집단적 현상으로서 점점 더 강력해지는 것처럼 보였다. 그리고 그렇게 보였기 때문에 실제로 더 강력해졌던 것이다. 이처럼 전세계적으로 운동의 집단적인 힘이 점점 더 강해짐에 따라, 이는 국가권력을 장악한 운동들의 '수정주의적' 경향에 대한 견제 —— 그 이상도 아니지만 또한 그 이하도 아닌 —— 의 구실을 했다. 그리고 이것이 역사적 자본주의의 정치적 안정성을 무너뜨리는 데 끼친 효과는, 일련의 개별적인 운동이 국가권력을 장악함으로써 체제를 강화시키는 데 끼친 효과들을 합한 것보다 더 컸던 것이다.

마지막으로 다른 또 하나의 요인이 작용했다. 두 종류의 반체제운동이 확산됨에 따라(노동-사회주의운동이 몇몇 강대국에서 다른

모든 나라들로 확산되고, 민족주의운동이 몇몇 주변지역에서 다른
모든 곳으로 확산됨에 따라), 이 두 종류의 운동을 구별하기가 점
점 더 어려워졌다. 노동-사회주의운동은 민족주의운동이 내거는
주제들이 자신들의 대중동원 노력과 국가권력 행사에 핵심적인 것
임을 깨달았다. 그런데 민족주의운동 역시 그 역의 사실을 알아차
렸던 것이다. 대중을 효과적으로 동원하고 지배하기 위해서 그들
은 사회를 평등하게 재구성하는 데 대한 노동자들의 관심을 일정
한 방향으로 이끌어가야만 했다. 내거는 주제들이 여러모로 겹치
기 시작하고 독특한 조직체제들의 차이가 사라지거나 단일한 구조
로 통합되어가는 추세로 나아감에 따라, 반체제운동의 힘 특히 전
세계적인 집단 전체로서의 그것의 힘은 극적으로 강화되었던 것이
다.

　반체제운동이 지닌 강점의 하나는 그것이 많은 나라들 안에서
권력을 잡게 되었다는 점이다. 이것은 세계체제의 현실정치를 변
화시켰다. 그러나 이 강점은 하나의 약점이기도 했다. 왜냐하면
이른바 혁명 후의 체제(post-revolutionary regime)들도 역사적 자본
주의의 사회적 분업체계의 일부로서 맡은 바 기능을 계속하기 때
문이다. 그럼으로써 이 체제들은 싫든 좋든 끊임없이 자본을 축적
해나가야 하는 무자비한 압력 아래 움직여왔던 것이다. 그 내부적
인 정치적 결과는, 비록 많은 경우에 그 정도가 조금 줄어들고 또
개선된 형태를 보이긴 했지만, 그래도 계속되는 노동력에 대한 착
취였다. 이는 (혁명을 겪지 않아서) '혁명 후'라는 것이 아예 없는
나라들에서 나타났던 것들에 견줄 만한 내부적 긴장관계를 (혁명
후의 나라들에도) 가져왔으며, 이것은 다시 이런 나라들 안에서
새로운 반체제운동이 일어나게 했던 것이다. 이익을 위한 투쟁은
이러한 혁명 후의 나라들에서나 그밖의 다른 어느 곳에서나 다같

이 계속되어왔다. 왜냐하면 자본주의 세계경제의 틀 안에서는 자본축적이라는 지상명령이 체제 **전체를 통해서** 작용해왔기 때문이다. 국가구조상의 여러 변화들이 축적의 정치학을 변형시켜온 것은 사실이다. 그러나 아직껏 그것을 끝장낼 수는 없었던 것이다.

이 글 맨 앞에서 우리는 다음과 같은 물음들을 미루어둔 바 있다. 역사적 자본주의가 가져다준 혜택은 과연 얼마나 진정한 것이었는가? 삶의 질이라는 면에서 일어난 변화는 과연 얼마나 컸는가? 이런 물음에 대해서 간단하게 대답할 수 없다는 것이 이제 분명해졌을 것이다. '누구에게?'라고 우리는 물어야만 한다. 역사적 자본주의는 물질적 재화의 창출이란 면에서는 엄청난 성과를 거두었지만, 또한 엄청난, 보수의 양극화를 가져왔다. 많은 사람들이 커다란 혜택을 입었지만, 더욱 많은 사람들이 그들의 실질적인 총소득과 삶의 질에서 실질적인 저하를 겪었다. 이런 양극화현상은 물론 공간적인 것이기도 했으며, 그래서 어떤 지역에서는 전혀 일어나지 않은 것처럼 보이기도 했다. 이러한 공간적 양극화현상 역시 이익을 위한 투쟁의 결과였다. 이익분배의 지리적 구도는 자주 바뀌었으며, 그럼으로써 양극화의 실상을 가려왔다. 그러나 역사적 자본주의 안에 포함된 시간적·공간적인 영역 전체를 놓고 볼 때, 끊임없는 자본축적은 실질적인 격차의 끊임없는 확대를 의미하는 것이었다.

3. 아편 노릇 하는 진리: 합리성과 합리화

누구나 다 아는 바와 같이 역사적 자본주의는 프로메테우스적인 열망을 간직해왔다. 과학적·기술적 변화는 인간의 역사적 활동에서 언제나 존재해온 현상이기는 하지만, 그렇게 언제나 존재해온 프로메테우스가, 데이비드 란데스(David Landes)의 말 그대로 '쇠사슬에서 풀려날' 것은 오직 역사적 자본주의에서만 일어난 일인 것이다. 역사적 자본주의의 이같은 과학적 문화에 관해서 오늘날 우리가 집단적으로 가지고 있는 기본적인 이미지는, 그것(과학적 문화)이 '전통적'이고 비과학적인 문화를 옹호하는 세력들의 완강한 저항에 맞서 싸운 고귀한 기사들에 의해서 펼쳐졌다는 것이다. 17세기의 그런 고귀한 기사는 교회에 대항한 갈릴레오(Galileo)였고, 20세기에는 멀라(mullah: 이슬람 신학자)에 대항한 '근대화론자'였다. 철두철미하게 그것은 '미신'에 대한 '합리성'의 대립이요, '지적 억압'에 대한 '자유'의 대립으로 통해왔다. 그리고 이것은 귀족적 지주층에 대항하여 정치경제학적 영역에서 일어난 부르조아적 기업가의 반란과 비슷한 (심지어 똑같은) 것이라고 생각되었다.

전세계에 걸친 문화적 투쟁에 관한 이런 기본적인 이미지에는 이제까지 어떤 숨겨진 전제, 즉 시간성(temporality)에 관한 하나의 전제가 담겨 있었다. '근대적인 것'(modernity)이 시간적으로 새로운 것이라면, '전통적인 것'(tradition)은 시간적으로 오래된 것이며 근대적인 것에 앞서는 것으로 여겨졌다. 게다가 이런 이미지가 극단적인 형태로 표현되는 경우 전통적인 것은 비역사적인 것이며, 따라서 사실상 영구적인 것이었다. 이런 전제는 역사적으로 잘못된 것이고, 따라서 중대한 오해를 불러일으키는 것이었다. 역사적 자본주의의 시간적·공간적 영역 안에서 번성해온 다양한 문화, 다양한 '전통'은 다양한 제도적 기본틀과 마찬가지로 어떤 원초적(primordial)인 것이 아니었다. 그것들은 대부분 근대세계의 소산으로서 그 이데올로기적 발판의 일부를 이루고 있다. 여러 다양한 '전통'이 역사적 자본주의 이전부터 존재해온 집단이나 이데올로기와 연결되어 있는 경우도 물론 있었다. 그것은 그런 전통들이 어떤 기존의 역사적·지적(知的) 재료를 이용해서 구성되는 일이 종종 있었다는 뜻에서 그랬다는 것이다. 게다가 이런 초역사적인 유대를 내세우는 것은 역사적 자본주의 안에서 일어난 정치·경제적 투쟁에서 그들 집단의 결속력을 다지는 데 중요한 구실을 해왔다. 그러나 이런 투쟁이 취하는 문화적 형태들을 이해하려면 전통의 의미를 액면 그대로 받아들여서는 안되며, 특히 '전통'을 실제로 전통적인 것이라고 생각해서도 안될 것이다.

적절한 장소에서 그리고 가능한 최저 수준의 보수로 노동력을 창출하는 것은 자본축적을 촉진하고자 하는 사람들의 이해관계와 일치하는 것이었다. 임금노동이 소득원으로서 별로 중요한 구실을 하지 않는 가계를 만들어냄으로써, 세계경제 안에서 행해지고 있는 주변부적 경제활동에 대해 좀더 낮은 보수를 지불하는 것이 어떻게 가능하게 되었는가 하는 문제에 대해서는 이미 논의했다. 이런 가계를 '창출'한, 다시 말해서 그런 가계의 구성을 강요한 한 가지 방법은 역사적 자본주의 내의 사회생활을 '인종집단화하는 것'(ethnicization)이었다. 여기서 말하는 '인종집단'(ethnic groups)이란 지리적으로 가까운 지역에 거주하는 다른 집단들과의 관계에서 특정한 직업적·경제적 역할이 주어져 있는 상당 규모의 인간집단을 말한다. 이같은 노동력배치를 나타내는 외적 상징은 그 인종집단을 구별짓는 독특한 '문화', 즉 그 집단의 종교, 언어, '가치기준', 특유한 일상적 행동양식 등이었다.

물론 역사적 자본주의 안에 완벽한 카스트제도 비슷한 것이 있었다고 말하려는 것은 아니다. 다만, 직업분류의 범주를 상당히 넓게 잡는 경우, 역사적 자본주의의 여러 시간적·공간적 지역 전체를 통해서 인종집단과 직업적·경제적 역할 사이에는 상당히 높은 상관관계가 있으며 또 언제나 있어왔다고 말하려는 것이다. 뿐만 아니라 이러한 노동력배치는 시간이 지남에 따라 달라져왔으며 또 그럼에 따라 인종집단 역시 그 집단의 영역과 문화적 특징이라는 측면에서 달라져왔다는 것, 더 나아가 오늘날 인종집단의 노동력배치 양식과 현 인종집단들의 조상으로 통하는 역사적 자본주의 이전 시대에 존재한 집단들의 노동력배치 양식 사이에는 거의 아무런 상관관계도 없다는 것을 말하려는 것이다.

세계노동력의 인종집단화는 세계경제의 작동에 중요한 영향을 끼친 세 가지 결과를 가져왔다. 무엇보다도 그것은 노동력의 재생산을 가능케 했는데, 그것은 집단들이 살아남는 데 필요한 충분한 수입을 제공한다는 뜻에서가 아니라, 가계소득의 총액과 형태라는 양 측면에서 제각기 분수에 맞는 소득수준을 기대하는 여러 부류의 노동자들을 충분히 공급한다는 뜻에서 그랬다. 게다가 노동력이 인종집단별로 편성되어 있다는 바로 그 이유 때문에 그러한 배치는 변경하기가 수월했다. 즉 인종구별에 의해서 대규모의 지리적·직업적 이동이 더 어려워진 것이 아니라 오히려 더 쉬워졌던 것이다. 변화하는 경제적 조건들의 압력 아래서 노동력배치를 변경하는 데 필요한 것이라곤 오직 어떤 진취적인 개인들이 지리적 또는 직업적 재배치에 앞장을 서고, 그것에 대해 보상받는 것만으로 충분했다. 이것은 금방 그 인종집단의 다른 성원들로 하여금 세계경제 안의 그들의 위치를 변경하도록 자연스럽게 '끌어당기는 힘'으로 작용했던 것이다.

둘째로, 인종집단화는 각 인종집단 자체 내에 하나의 노동력훈련 기제를 마련해주었는데, 이는 해당 직업에 적합한 대부분의 길들이기(사회화)가 인종집단에 따라 정해진 가계의 틀 안에서 이루어지도록 함으로써, 그것이 임금노동 고용자나 국가의 부담이 되지 않도록 해주었다.

셋째로, 그리고 어쩌면 이것이 가장 중요하겠는데, 인종집단화는 여러 직업적·경제적 역할의 서열을 고정화했으며, 이것은 '전통'의 정당화라는 그럴듯한 허울 아래 전반적인 소득분배를 위한 간편한 규칙체계(code)를 마련해주었다.

아주 세밀하게 다듬어져왔고 또한 역사적 자본주의의 가장 중요한 기둥 가운데 하나가 되어온 것이 바로 이 세번째의 결과인데, 그것은 곧 제도적인 인종차별주의(racism)이다. 여기서 말하는 인종차별주의는 역사적 자본주의 이전의 여러 역사적 체제들에서 존재했던 외국인혐오(xenophobia)와는 별로 상관이 없는 것이다. 외국인혐오는 글자 그대로 '이방인'에 대한 두려움이었다. 역사적 자본주의하에서의 인종차별주의는 '이방인들'과는 전혀 상관이 없다.

82

오히려 그 반대다. 인종차별주의는 동일한 경제구조 안에 있는 여러 부류의 노동자들이 부득이하게 서로 관계를 맺게 되는 하나의 방식이었다. 인종차별주의는 노동력의 계서화(階序化)를 위한 그리고 지극히 불평등한 보수의 분배를 위한 이데올로기적 정당화였다. 곧 여기서의 인종차별주의는, 결과적으로 인종구분과 노동력 배치 사이의 높은 상관관계를 진작부터 유지시켜왔던 일련의 지속적인 관행들과 결합된, 그런 이데올로기적 진술들을 뜻하는 말이다. 이런 이데올로기적 진술은, 여러 집단의 유전학적인 그리고/또는 장기지속적인 '문화적' 특성이야말로 경제구조 내에서 그들이 저마다 상이한 지위를 배정받게 된 주요한 원인이라는 식의 주장으로 나타났다. 그러나 경제적 분야에서 수행하는 역할과 관련된 어떤 특성들에서 어떤 집단이 다른 집단보다 '우수하다'는 믿음은, 이들 집단에 대한 노동력배치가 있기 이전에 나타나기보다는 오히려 언제나 그 다음에 나타난 것이었다. 인종차별주의는 언제나 사후의(post hoc) 현상이었다. 경제적·정치적으로 억눌려온 사람들은 문화적으로 '열등하다'고 주장되어왔다. 만일 어떤 이유에서건 경제적 계서제 안에서 자리가 바뀌면 사회적 계서제 안에서의 자리도 뒤따라 바뀌게 마련이었다(물론 이렇게 되는 데에는 어느정도 시간이 지체되었는데, 그것은 이전의 길들이기(사회화)의 영향을 불식하는 데에 언제나 한두 세대가 걸렸기 때문이다).

인종차별주의는 불평등을 정당화하는 하나의 포괄적인 이데올로기로서 작용해왔다. 그러나 그것은 그 이상의 훨씬 더 큰 구실을 해왔다. 그것은 여러 집단들로 하여금 세계경제 안에서 맡은 역할을 다하도록 길들이는(사회화하는) 데 이바지해왔다. 되풀이해서 주입되는 여러 행동양태들(편견 및 그에 따른 불이익 그리고 일상생활에서 행해지는 공공연한 차별 행동)은 각자의 가계나 인종집단 안에서 자기자신과 남들에 대해 취할 수 있는 적절하고 합당한 행위의 틀을 세우는 데 이바지했다. 성차별주의(sexism)와 마찬가지로 인종차별주의는 자기억압적인 이데올로기 구실을 하여 사람들의 바람을 조작하고 또 제한했던 것이다.

인종차별주의는 분명히 자기억압적인 이데올로기에 그치지 않았다. 그것은 타인을 억압하는 이데올로기이기도 했다. 그것은 하층집단들을 제자리에 묶어두고, 중간집단들을 세계 경찰체제의 무보수 병사로 활용토록 해주었다. 이렇게 해서 정치구조들의 재정적 비용이 크게 절감되었을 뿐만 아니라 반체제집단들이 많은 사람들을 동원하는 데 더욱 큰 어려움을 겪게 되었는데, 그것은 인종차별주의가 구조적으로 그 희생자들끼리 서로 싸우도록 만들어놓았기 때문이다.

인종차별주의는 단순한 현상이 아니었다. 세계체제 전체 내의 상대적인 지위를 구별짓는, 어떤 면에서 보면 기본적인 범세계적 금지선(fault line)이 있었다. 그것은 '피부색'이라는 선이었다. '백인'이나 상류층이라는 것은 어디까지나 사회적 현상이었지 생리학적인 현상은 아니었다. 이는 남부 유럽인, 아랍인, 라틴아메리카의 혼혈인(mestizo) 그리고 동아시아인과 같은 집단들의 경우에 사회적으로 규정된 전세계적인 (그리고 한 국가 내의) 여러 '피부색선' 안에서 그들의 위치가 역사적으로 줄곧 변동해왔음을 보면 아주 뚜렷해질 것이다.

피부색(또는 생리적 특징)은 본래 위장하기가 어려운 것이기 때문에 이용하기 편리한 꼬리표였다. 그리고 유럽에서 나타난 역사적 자본주의의 여러 기원들에 비추어볼 때, 역사적으로 그것이 편리한 동안은 내내 그렇게 이용되어왔다. 그러나 일단 불편하게 되면 그것은 언제나 곧 폐기되거나 수정되었으며, 그대신 다른 특성

들이 식별 수단으로 이용되었다. 그래서 여러 특정 지역들에서 제
각기 그런 식별 장치들은 아주 복잡하게 얽힌 것이 되었다. 게다
가 사회적 분업이 꾸준히 진전되고 있었다는 사실을 감안할 때,
민족·인종의 식별 장치는 현존하는 사회집단들간의 경계선을 긋
는 근거로서는 매우 불안정한 것으로 판명되었다. 여러 집단들이
나타났다가 사라졌으며, 자신들에 대한 자기규정을 꽤 손쉽게 변
경했다(그리고 그들이 이처럼 여러 경계선들을 가지고 있다는 사
실을 다른 집단들도 똑같이 손쉽게 받아들였다). 그러나 어느 특
정 집단의 경계선이 이처럼 바뀌기 쉽다는 사실이, 집단들의 전체
적 계서제, 즉 전세계 노동력의 인종집단화가 계속 유지되었다는
사실과 상충하는 것은 아니었다. 어쩌면 전자는 실제로 후자의 함
수(function)였을 것이다.

　이처럼 인종차별주의는 역사적 자본주의의 문화적 지주가 되어
왔다. 그것은 지적(知的) 이론이 결여된 공허한 것이었으나, 그렇
다고 해서 무자비한 잔학성이 그만큼 덜한 것은 아니었다. 하지만
지난 50년 내지 100년 동안에 일어난 전세계 반체제운동들로 말미
암아 근래에 그것은 호되게 공격을 받아왔다. 오늘날 노골적인 형
태의 인종차별주의는 전세계적으로 그 정당성을 잃어가고 있는 것
이 사실이다. 그러나 인종차별주의만이 역사적 자본주의의 유일한
이데올로기적 지주 노릇을 해온 것은 아니다. 인종차별주의는 적
절한 노동력을 만들어내고 재생산하는 데 매우 중요한 구실을 해
왔으나, 노동력의 재생산만으로 끊임없는 자본축적이 가능한 것은
아니었다. 노동력은 중간간부들(cadres)에 의해서 관리되지 않는
한, 효율적이고 지속적으로 사용되기를 기대할 수 없었다. 중간간
부들 역시 창출되고, 길들여지고(사회화되고), 재생산되어야만 했
다. 그들을 창출하고 길들이고 재생산하는 데 쓰인 주요한 이데올

로기는 인종차별주의라는 이데올로기가 아니었다. 그것은 보편주의라는 이데올로기였다.

보편주의는 하나의 인식론이다. 그것은 무엇을 알 수 있으며, 어떻게 알 수 있는가 하는 점에 대한 일련의 신념체계다. 이 견해의 핵심은 자연적인 세계건 사회적인 세계건, 세계에 관해서 보편적이고 영구적으로 진리인, 그런 유의미한 일반적 진술이 존재한다는 것이며, 과학(science)의 목적은 이른바 모든 주관적 요소들, 즉 역사적으로 제약받는 모든 요소들을 정식화(定式化) 과정에서 제거하는 방식으로 이런 일반적 진술들을 찾아내는 일이라는 것이다.

보편주의에 대한 이런 신앙은 역사적 자본주의의 이데올로기적 아치(arch)에서 쐐깃돌 노릇을 해왔다. 보편주의는 하나의 인식론임과 동시에 하나의 신앙이기도 한 것이다. 그것은 진리라는, 포착하기 어렵지만 그래도 실존한다고 일컬어지는 현상에 대한 존경만이 아니라 숭배까지를 요구한다. 대학들은 그런 이데올로기의 제조공장이자 그런 신앙의 신전이 되어왔다. 하버드대학은 그 문장(紋章)에 **진리**(*veritas*)라는 말을 새겨넣고 있다. 확고부동한 진리는 결코 알 수 없는 것이라고 하는 주장은 늘 있어왔지만 —— 바로 이것이 근대과학을 중세 서유럽 신학과 구별짓는다고 하는 점이다 —— 진리추구가 대학의 존재이유이며, 좀더 폭넓게는 모든 지적 활동의 존재이유라는 주장도 한결같이 지속되어왔다. 예술을 정당화하기 위해 키이츠(Keats)는, "진리는 아름다움이며, 아름다움은 곧 진리다"라고 읊었다. 미국에서 시민의 자유를 정치적으로 정당화하는 데 즐겨 사용되는 것은, 진리는 오직 '사상의 자유시장'에서 일어나는 상호교류의 결과로서만 이해될 수 있다는 주장이다.

　문화적 이상으로서의 진리는 하나의 아편으로서, 그것도 어쩌면 근대세계에서 유일하게 심각한 아편으로서 기능해왔다. 종교는 대중의 아편이라고 칼 맑스는 말한 바 있다. 레이몽 아롱(Raymond Aron)은 맑스주의 사상이 지식인들의 아편이 되었다고 되받아쳤다. 이들 양편의 논란 속에는 다 어떤 통찰이 담겨 있다. 그러나 통찰이 곧 진리인가? 아마도 진리는 대중과 지식인들 모두에게 진짜 아편 노릇을 해왔다고 나는 말하고 싶다. 아편이라고 해서 무조건 나쁜 것만은 분명 아니다. 그것은 고통을 덜어준다. 현실에 맞서봐야 필경 손해보거나 파멸할 게 뻔하지 않을까 하는 두려움을 느낄 때, 아편은 사람들로 하여금 고통스러운 현실에서 도피할 수 있게 해준다. 하지만 그렇다고 해서 아편을 권장하는 사람은 거의 없다. 맑스도 레이몽 아롱도 그것을 권장하지는 않았다. 대부분의 국가에서 그리고 어떠한 목적을 위해서든 대개의 경우 아편의 사용은 불법이다.

　우리의 집단적 교육은 진리추구를 공평무사한 미덕이라고 가르쳐왔지만, 사실상 그것은 이기적인 합리화에 지나지 않는다. 진보의 초석이며 따라서 복지의 초석이라고도 선언되어온 진리추구가 계서제적인 불평등한 사회구조와 여러가지 면에서 보조를 같이해 왔다는 점은 최소한 인정할 수밖에 없다. 경제구조의 주변화, 국가간체제에 참여하고 그 제약을 받는 약한 국가구조의 창출 등 자본주의 세계경제의 팽창에 수반된 여러 과정들은 기독교의 전도, 유럽어의 강요, 특정 기술과 관행의 주입, 법률체계의 변화 등 문화적 측면의 여러가지 압력과 연관되어 있었다. 이런 변화들은 군사적 수단에 의해서 이루어진 경우가 많았다. '교육자들'의 설득에 의해서 이루어진 경우도 있었는데, 이들의 권위도 궁극적으로는 군사력의 뒷받침을 받았다. 이것이 때론 '서구화'라고도 하고 더욱

오만하게는 '근대화'라고도 하는 그런 복합적인 과정인데, 이러한 과정은 보편주의 이데올로기의 성과와 그 이데올로기에 대한 믿음을 모두 공유하는 것이 바람직하다는 이유로 정당화되었다.

이처럼 문화적 변화들이 강요된 배경에는 두 가지 주요한 동기가 숨어 있었다. 첫째는 경제적 효율성이었다. 어떤 특정인들이 경제 영역에서 특정한 방식으로 행동하기를 바라는 경우, 그들에게 요구되는 문화적 규범을 가르쳐주고 이와 경쟁하는 문화적 규범들은 제거해버리는 것이 효율적이었다. 두번째는 정치적 안정이었다. 만일 주변지역의 이른바 엘리뜨들이 '서구화'되면, 그들은 그 지역의 '대중'으로부터 분리될 것이며, 따라서 반란을 일으킬 가능성이 그만큼 줄어들 것이라고 —— 즉 반란을 위해 추종자들을 조직하기가 분명히 그만큼 더 어려워질 것이라고 —— 생각되었다. 이것은 결국 엄청난 오산이었음이 판명되었다. 그러나 그것은 제법 그럴듯했으며, 또 실제로 얼마 동안은 제대로 먹혀들기도 했다. (세번째 동기는 정복자측의 **교만**이었다. 내가 이 점을 무시하는 것은 아니지만, 문화적 압력을 설명하는 데 꼭 그것을 끌어들일 필요는 없다고 생각한다. 그것이 없는 경우에도 문화적 압력은 마찬가지로 컸을 것이기 때문이다.)

인종차별주의가 직접생산자들에 대한 범세계적 통제기구 구실을 해왔다면, 보편주의는 생산과정의 철저한 통합과 국가간체제의 원활한 작동을 극대화하는 방향으로 다른 나라들의 부르조아지와 전세계의 여러 중간층의 활동을 이끌어나감으로써 자본축적을 촉진하는 데 이바지했다. 이를 위해서는 민족마다 그 성격을 달리하는 여러 종류의 '민족'문화에 접목시킬 수 있는, 전세계적인 부르조아문화의 틀을 만들어낼 필요가 있었다. 이는 과학과 기술의 측면에서 특히 중요했지만, 정치사상이나 사회과학의 분야에서도 마찬가지로 중요했다.

세계적 분업체계 안에서 중간간부층이 '동화되게' 마련이었던(여기서 수동태를 쓴 것은 중요한 의미를 지닌다) 중립적인 '보편'문화의 개념은 이래서 세계체제가 역사적으로 발전해감에 따라 그 체제를 지탱해준 또 하나의 기둥 노릇을 하게 되었다. 이같은 사상체계는 진보에 대한 찬양 그리고 나중에는 '근대화'에 대한 찬양으로 요약되었는데, 이것은 사회적 행위의 참다운 규범으로서보다는 오히려 세계의 상부계층에 대한 복종과 그 계층으로의 참여를 나타내는 신분적 상징으로서 더 큰 구실을 했다. 지식의 종교적 기초에 대해서는 문화적으로 편협하다고 하여 이를 배격하고, 지식의 과학적 기초에 대해서는 초문화적(trans-cultural)이라고 하여 이를 존중하면서, 양자를 분리시키는 것은 유달리 악랄한 형태의 문화적 제국주의가 스스로를 정당화하는 데 기여했다. 문화적 제국주의는 지적 해방이라는 이름 아래 군림하고, 지적 회의주의라는 이름 아래 그 강제력을 행사했던 것이다.

자본주의의 핵심을 이루었던 합리화의 과정에는 행정가·기술자·과학자·교육자와 같은 합리화의 전문가들로 구성된 중간계층을 만들어내는 것이 필요했다. 기술만이 아니라 사회체제까지도 복잡해졌다는 바로 이 사실 때문에, 이 중간계층이 거대해지고 또 차츰차츰 확장되어야 한다는 것이 필수적이 된 것이다. 이 계층을 지원하는 데 쓰인 자금은 전세계적 잉여에서 끌어내왔는데, 이것은 기업가와 국가를 통해서 얻어낸 것이었다. 그러므로 기초적이지만 근본적인 이러한 의미에서 이같은 중간간부층은 부르조아지의 일부를 이루어왔는바, 자신들도 잉여 분배에 참여하겠다는 이들의 주장은 인간자본이라는 20세기의 개념에 딱 들어맞는 이데올로기적 형태를 갖추게 되었다. 이들 중간간부층은 자신들 가계의 유산으로 남겨줄 진짜 자본을 별로 갖고 있지 않았기 때문에, 장래의 지위를 보장해줄 교육기관에 자기 자식들을 우선적으로 들여보낼 수 있는 권리를 확보함으로써 지위의 계승을 보장받으려 했다. 이들은 이러한 우선권이 마치 자신들의 성취인 양 자기들 편리한 대로 말해왔으며, 협소하게 규정된 '기회균등'이라고 하는 것으로 짐짓 이를 정당화해왔다.

이리하여 과학적 문화는 전세계 자본축적자들의 공동규약이 되었다. 그것은 무엇보다도 자본축적자들 자신의 활동과 그들에게 유리한 차별적 보수체계 모두를 정당화하는 데 이바지했다. 그것은 기술혁신을 부추겼으며, 생산효율성의 확대를 가로막는 여러 요인들을 가차없이 제거하는 것을 정당화했다. 그것은 모든 사람에게 —— 당장은 아니더라도 궁극적으로는 —— 이익이 될 수 있을 어떤 형태의 진보를 가져왔다.

그러나 과학적 문화가 단순히 합리화만을 의미하는 것은 아니었다. 그것은 필요한 모든 제도적 구조들의 중간간부층이었던 다양한 성분들을 사회화하는 한 가지 형식이었다. 중간간부층에게 하나의 공통언어가 된 —— 노동자들에게는 직접적으로 꼭 그렇지는 않았지만 —— 과학적 문화는, 중간간부층이 끌려들어갈지도 모르는 그런 반란적 활동의 전망과 범위를 제한함으로써 상부계층에게는 계급적 결속을 다지는 한 수단이 되기도 했다. 게다가 그것은 이런 중간간부층을 재생산하는 데 편리한 메커니즘이었다. 그것은 오늘날 '능력주의'(meritocracy) —— 예전 같으면 '재능에 따른 출세'(la carrière ouverte aux talents) —— 로 통하는 개념과 맞아떨어졌다. 과학적 문화는 계서제적 노동력배치를 위협하지 않고도 개인의 계층이동이 가능한 하나의 틀을 만들어냈다. 아니 차라리 능력주의는 계서제를 강화했다. 마지막으로 하나의 작동장치로서의 능력주의와 하나의 이데올로기로서의 과학적 문화는 역사적 자본주의의 기초가 되는 작동들을 알아차리지 못하게 가리는 은폐막들을 만들어냈다. 과학적 활동의 합리성을 크게 강조하는 것은 끝없는 축적의 불합리성을 감추는 가면이었던 것이다.

보편주의와 인종차별주의는 사실상 서로 대립적인 교의(敎義)는 아닐지라도 겉으로 보기엔 기이한 베개친구처럼 보일 것이다. 즉 한쪽은 개방적인 데 비해서 다른 한쪽은 폐쇄적이며, 한쪽이 평등화를 지향하는 데 비해서 다른 한쪽은 양극화를 지향하고, 한쪽이 이성적 논의를 추구하는 데 비해서 다른 한쪽은 편견을 드러낸다. 그러나 이 두 교의는 역사적 자본주의의 발전과 발맞추어 전파되고 보급되어왔기 때문에, 그것들이 양립해올 수 있던 방식을 좀더 자세하게 살펴봐야 할 것이다.

보편주의에는 어떤 덫이 있었다. 그것은 자유롭게 떠도는 이데올로기로서 발전해온 것이 아니라 역사적 자본주의라는 세계체제 안에서 정치적·경제적 권력을 장악한 사람들이 퍼뜨린 이데올로기로서 발전해온 것이다. 보편주의는 강자가 약자에게 준 하나의 선물로서 세계에 주어진 것이었다. **우리는 그리스인을 두려워한다, 비록 그들이 선물을 가지고 온다 하더라도**(*Timeo Danaos et dona ferentes!*). (보편주의라는) 선물 자체에 인종차별주의가 담겨 있었는데, 그것은 그 선물을 받는 사람이 선택할 수 있는 길이라곤 두 가지밖에 없었기 때문이다. 즉, 그 선물을 받음으로써 지적 성취의 계서제 안에서 스스로 낮은 지위에 있음을 인정하든지, 그 선물을 거절함으로써 불평등한 실제의 권력관계를 뒤엎을 수 있는 무기를 스스로 포기하든지 택일해야만 했던 것이다.

특권적 지위에 포섭되어 있던 중간간부층조차 보편주의의 교의에 대해서 어떤 때는 열광적으로 이를 신봉하는가 하면, 어떤 때는 그 속에 담긴 인종차별주의적 사고에 대한 반감에서 이를 문화적으로 거부하는 등, 갈팡질팡하면서 지극히 모호한 태도를 취했던 것은 조금도 이상한 일이 아니다. 이러한 모호한 태도는 여러 문화적 '르네쌍스' 운동으로 표출되었다. 세계의 많은 지역에서 널리 사용된 르네쌍스란 용어 자체가 바로 그런 모호성을 구체화하고 있었다. 재생을 이야기함으로써 사람들은 문화적 영광의 시대가 이전에 있었음을 확신했지만, 동시에 당대가 문화적으로 열등한 시기임을 인정하기도 했던 것이다. 재생이라는 말 자체가 유럽의 특수한 문화사에서 따온 것이었다.

전세계의 노동자들은 주인의 만찬에 결코 초대받은 적이 없었기 때문에 이같이 모호한 태도에서 좀더 벗어나 있었다고 생각할 수도 있다. 그러나 실은 세계 노동력의 정치적 의사표현이라 할 수 있는 반체제운동 자체도 똑같이 이런 모호한 태도에 푹 빠져 있었다. 이미 지적한 바와 같이 반체제운동은 계몽사상이라는 이데올로기의 외피를 걸치고 있었는데, 계몽사상 자체가 바로 보편주의 이데올로기의 으뜸가는 산물이었다. 그럼으로써 반체제운동은 자기자신들이 걸려들어 영영 빠져나올 수 없는 그런 문화적 덫에 자기들의 발을 묶어놓았다. 다시 말해서 그들은 역사적 자본주의를 무너뜨리고자 노력하면서도, 그들이 타도대상으로 삼고 있었던 바로 그 '지배계급들의 사상'에서 끌어낸 전략을 이용하고 역시 거기에서 도출된 중기적 목표들을 설정해왔던 것이다.

사회주의 형태의 반체제운동들은 처음부터 과학의 진보를 신봉해왔다. 맑스는 그가 '유토피아주의자들'이라고 비난한 사람들과 자신을 구별짓고자 하는 바람에서 자기가 표방하는 것은 '과학적 사회주의'라고 주장했다. 그의 저작들은 자본주의가 '진보적'으로 나타난 여러 방식들에 강조점을 두었다. 가장 '발전한' 나라들에서 사회주의가 처음으로 나타날 것이라는 생각은 심화되는 자본주의 발전의 소산으로서(그에 대한 반작용으로서만이 아니라) 사회주의가 성장하게 되는 하나의 과정을 상정한 것이었다. 따라서 사회주의혁명은 '부르조아혁명'을 열심히 본뜰 것이며, **그리고 그 뒤에 나타날** 것이었다. 후대의 논자들 중에는, 따라서 부르조아혁명이 아직 일어나지 않은 나라에서는 부르조아혁명을 지원하는 것이 사회주의자들의 임무라고 주장하는 사람들도 일부 있었던 것이다.

그후 제2인터내셔널과 제3인터내셔널 사이의 여러 차이점들 가운데 이런 인식론에 관한 불일치는 들어 있지 않았는데, 그것은 양자가 모두 그런 생각을 공유하고 있었기 때문이었다. 사실 권력을 장악한 사회민주주의자들과 공산주의자들은 다같이 생산수단을 더욱 발전시키는 것을 최우선으로 삼는 경향이 있었다. '공산주의는 사회주의 더하기 전력(electricity)이다'라는 레닌의 구호는 지금도 모스끄바의 이 거리 저 거리에 거창한 깃발로 걸려 있다. 이들 운동은 일단 권력을 잡으면── 사회민주주의자들이나 공산주의자들이나 한결같이──'일국사회주의'라는 스딸린의 구호를 실행에 옮겼는데, 결국 그럼으로써 그들은 전세계의 자본축적에 필수적이었던 만물의 상품화과정을 촉진하지 않을 수 없었다. 그들이 국가간체제 안에 머물러 있는 한── 실은 그들을 몰아내려는 모든 시도에 맞서 그 체제 안에 머물러 있으려고 안간힘을 썼다── 가치법칙의 지배라는 전세계적 현실을 수용하고 또 이를 촉진했던 것이다. '사회주의적 인간'이란 것이 결국 거칠고 사나워진 테일러주의(Taylorism) 같은 것이 아닌가 하고 의심받을 정도였다.

물론 계몽사상의 보편주의를 거부하겠다고 하면서 세계경제의 주변부지역들에 적합한 여러 '토착적' 사회주의를 표방해온 '사회주의적' 이데올로기도 있었다. 이런 이데올로기 체계들이 단순한

수사학을 넘어서는 그 어떤 것이 되면 될수록, 그것들은 상품화과
정의 기본 단위로서 소득을 공유하는 새로운 가계들을 이용하지
않고 좀더 '전통적'이라고 주장되는 더욱 큰 공동체를 이용하려는
실제적인 여러 시도들로 나타났다. 이런 시도들은 그것이 진지하
게 추진되는 경우에도 대체적으로 아무런 성과를 거두지 못했다.
어느 경우든 전세계 사회주의운동의 주류는 이런 시도들을 비사회
주의적이며, 퇴행적인 문화적 민족주의의 형태들이라고 비난하는
경향이 있었다.

　언뜻 보기에 민족주의적 형태의 반체제운동은 분리주의적 요구
가 바로 그 핵심을 이루고 있기 때문에 보편주의 이데올로기에 덜
의존하고 있는 것처럼 보인다. 그러나 자세히 살펴보면 이런 인상
은 잘못된 것임이 드러난다. 확실히 민족주의 안에는 어떤 문화적
요소가 들어 있게 마련이었는데, 그 속에서 개개의 특정 운동은
민족언어라든가 가끔은 종교적 유산이라든가 하는 민족적 '전통'의
강화를 주장하였다. 하지만 문화적 민족주의가 자본축적자들의 압
력에 대한 문화적 저항이었는가? 실제로 문화적 민족주의를 구성
하는 두 가지 주요 요소들은 이와 반대방향으로 나아가고 있었다.
첫째로, 문화를 담지하는 전달수단으로서 선택된 단위는 국가간체
제의 한 구성원인 국가인 경우가 많았다. '민족'문화를 관장한 것
은 거의 대부분 이같은 국가였다. 이런 사실은 실제로 각각의 경
우마다 언제나 문화적 연속성의 왜곡을 가져오곤 했는데, 흔히 그
런 왜곡은 아주 심한 것이었다. 민족문화를 국가의 틀 안에 담아
야 한다고 주장하는 것은 거의 언제나 그 문화의 연속성을 재확인
하는 것만큼이나 연속성을 은폐하는 것이 될 수밖에 없었다. 그것
은 언제나 국가구조를 강화하고, 그럼으로써 국가간체제를 강화하
며, 결국에는 세계체제로서의 역사적 자본주의를 강화했다.

둘째로, 이들 모든 국가들의 문화적 주장들을 비교해보면, 그것들이 형식은 서로 다르지만 내용은 모두 동일한 경향을 나타내고 있다는 점이 분명해진다. 여러 언어들의 형태소(形態素)는 서로 달랐지만 어휘 목록은 한 가지 모습으로 수렴되기 시작했다. 세계 내 여러 종교의 의식과 신학이론들이 저마다 활력을 되찾았을지는 모르겠지만 그 실제 내용 면에서 종전만큼의 차이는 없어지기 시작했다. 그리고 과학적인 것(scientificity)의 여러 선례들이 여러가지 다른 이름 아래 재발견되었다. 요컨대, 대부분의 문화적 민족주의는 하나의 거창한 제스처 놀음(charade)이었던 것이다. 그뿐만이 아니었다. 문화적 민족주의는 '사회주의 문화'와 마찬가지로 근대세계의 보편주의 이데올로기를 굳건히 수호한 주요 신봉자였으며, 그것을 좀더 세계 노동자들의 구미에 맞게 만들어 제공해주었다. 이런 의미에서 반체제운동은 약자에 대한 강자의 문화적 중개자 구실을 하기가 일쑤였는데, 이것은 그들의 뿌리깊은 저항의 원천을 굳건히하기보다는 오히려 망쳐놓았던 것이다.

국가권력의 장악이라는 반체제운동의 전략 속에 내재하는 여러 모순은 이들 운동이 보편주의적 인식론을 암암리에 받아들인 것과 맞물려 이 운동들에 중대한 영향을 끼쳤다. 이들 운동은 점점 더 환멸이라는 현상에 직면해야만 했는데, 이에 대한 그들의 이데올로기적 대응은 주로 역사적 자본주의를 정당화하는 핵심적인 주장들, 즉 진보의 자동성과 불가피성, 또는 오늘날 소련에서 널리 이야기되고 있는 '과학기술혁명'을 새삼 강조하는 것이었다.

20세기에 시작되고 1960년대 이래 점점 그 열렬함을 더해가고 있는 것으로, 압델-말레크(Anouar Abdel-Malek)가 즐겨 말하는 '문명적 구도'(civilizational project)라는 주제가 힘을 얻기 시작했다. 많은 사람들에게 '내생적 선택들'(endogenous alternatives)이라는 새로운 용어는 보편화를 추구하는 낡은 문화적 민족주의의 주제를 그저 다른 말로 표현한 것에 불과한 것으로 여겨졌지만, 반대로 그 주제 속에 전혀 새로운 인식론적 내용이 들어 있다고 보는 사람들도 있다. '문명적 구도'는 초역사적 진리가 실제로 존재하느냐 않느냐의 문제를 새롭게 제기했다. 역사적 자본주의하의 권력의 현실과 경제적 필요를 반영하는 한 가지 형태의 진리가 번성하여 전지구에 퍼져나갔다. 이미 살펴본 바와 같이 그것은 사실이다. 하지만 이런 형태의 진리가 이 역사적 체제의 붕괴과정, 또는 끊임없는 자본축적에 기초한 역사적 체제에 대한 진정한 역사적 대안들의 존재 여부를 얼마나 밝혀줄 것인가? 문제는 여기에 있는 것이다.

이러한 좀더 새로운 형태의 근본적인 문화적 저항에는 하나의 물질적 기반이 있다. 전세계 반체제운동들이 잇따라 민중을 동원하게 되면서, 점차 그것들은 정치적으로나 경제적으로 체제의 작동에서 좀더 주변적인 사람들, 그래서 끝내 축적된 잉여로부터 별 이익을 얻어낼 가망이 없어 보이는 사람들을 점점 더 많이 운동에 끌어들였다. 그러나 이런 운동들 자체에 관한 신화의 정체가 잇따라 드러나면서 그 속에 담긴 보편주의 이데올로기의 재생산이 불가능하게 되었으며, 그래서 이들 운동은 자신의 전제들에 대해 점점 더 많은 의심을 품게 된 사람들에게 더욱더 문호를 개방하기 시작했다. 1850년에서 1950년까지 전세계 반체제운동에 참여한 사람들의 면모와 비교해볼 때, 1950년 이후 참여자들의 면모에는 주변부지역 출신자들, 여자들, (어떤 부류에 속하든간에) '소수'집단의 사람들, 그리고 임금 서열에서 맨 밑바닥 쪽에 속하는 미숙련 노동자들이 더 많이 포함되어 있었다. 이같은 현상은 세계 전체로 볼 때나 개별 국가별로 볼 때나 다같이 사실이었으며, 일반 참가

자들을 볼 때나 그 지도자들을 볼 때에도 역시 마찬가지였다. 운동의 사회적 기반이 이처럼 바뀜에 따라 세계 반체제운동의 문화적·이데올로기적 편향도 바뀌지 않을 수 없었다.

이제까지 자본주의가 하나의 역사적 체제로서 실제로 어떻게 작동해왔는가에 대해서 나름대로 기술해보았다. 그런데 역사적 체제들은 바로 그런 것, 즉 역사적인 것이다. 그것들은 생겨났다가 결국 사라지는데, 이는 그 내적 모순이 격화하여 마침내 구조적 위기에 이르게 되는 내부적 과정의 결과인 것이다. 구조적 위기란 일시적인 것이 아니라, 커다란 위기를 말한다. 그것들이 제구실을 다하는 데에는 시간이 걸린다. 역사적 자본주의는 20세기 초에 구조적 위기를 맞기 시작했으며 아마도 다음 세기에 역사적 체제로서의 그 끝장을 보게 될 것이다. 그 다음에 무엇이 올 것인가를 예견하는 것은 무모한 짓이다. 지금 우리가 할 수 있는 일은 그 구조적 위기 자체의 여러 측면을 분석하고 그러한 체제적 위기가 우리들을 어느 방향으로 이끌어가고 있는가를 알아내고자 노력하는 것이다.

이런 위기의 첫번째 그리고 아마도 가장 근본적인 측면은 오늘날 우리가 만물의 상품화에 근접해 있다는 점이다. 다시 말해서 역사적 자본주의는 끊임없는 자본축적을 추구하는 가운데 애덤 스미스(Adam Smith)가 주장한 바, 인간에게 '자연스러운' 상태 그러나 역사적으로 **한번도** 존재한 적이 없는 그런 상태에 가까워지기 시작하고 있다는 바로 그 이유 때문에 위기를 맞고 있는 것이다. '어떤 것을 다른 것과 맞바꾸고 교역하고 교환하려는 (인간의) 성향'이 종전까지 교류가 없었던 영역과 지역에까지 침투해 들어갔으며, 그래서 상품화를 확대하려는 압력은 상대적으로 제지당하지 않게 되었다. 맑스는 시장을 사회적 생산관계를 은폐하는 '장막'이라고 말했다. 이 말은, 지역에서 행해지는 직접적인 잉여수탈에 비해서 시장을 통한 간접적인 (따라서 지역의 범위를 넘어서는) 잉여수탈은 알아차리기가 더 어려웠고 그래서 세계 노동자들이 정치적으로 이에 맞서 싸우기도 그만큼 더 어려웠다는, 오로지 그런 의미에서 진실일 따름이었다. 그러나 '시장'은 화폐라는 수량 측정의 일반적 척도에 의해서 작동했으며, 이에 따라 실제로 얼마나 많은 양이 수탈되었는가가 은폐되기보다는 오히려 분명하게 드러나게 마련이었다. 자본의 축적자들이 정치적 보호망으로서 의존해온 것은 노동의 일부만이 그렇게 화폐로 측정되어왔다는 점이다. 노동력이 점점 더 많이 상품화되고, 가계가 점점 더 상품관계의 연결고리로 되어감에 따라서 잉여의 흐름이 점점 더 뚜렷이 보이게 된다. 그럼으로써 정치적인 반대 압력이 점점 더 실제적인 인원동원으로 이어지고 경제구조는 점점 더 그같은 동원의 직접적인 공격목표가 된다. 자본축적자들은 프롤레타리아화를 촉진하려고 힘쓰기는커녕 오히려 그것을 지연시키려고 애쓴다. 그러나 단지 그렇게만도 할 수 없는 것이, 그들은 개별적인 기업가이면서 동시에 한 계급의 성원이기도 하다는 데서 오는 그들 자신의 이해관계의 대립 때문이다.

이것은 꾸준하고 끊임없는 과정이며, 경제가 끝없는 자본축적에 의해서 움직이고 있는 한 막을 수 없는 과정이다. 자본주의체제는 자체의 활력을 바닥나게 하는 어떤 활동들을 억제함으로써 수명을 연장할 수 있을지 모른다. 그러나 죽음은 언제나 지평선 어디엔가 그림자를 드리우고 있다.

자본축적자들이 체제의 수명을 연장시켜온 여러 방법 가운데 하나는 그 체제 안에 어떤 정치적 제약들을 짜맞춰 넣는 것인데, 이런 제약들로 말미암아 반체제운동들은 국가권력 장악이라는 전략에 따라서 여러 공식적인 조직을 만들어내는 길로 나아갈 수밖에 없었던 것이다. 그들에게는 다른 현실적인 선택의 길이 없었다. 그러나 그런 전략은 자기제약적인 것이었다.

그렇지만 이미 살펴본 바와 같이 이런 전략이 지니고 있는 모순 자체가 정치적 측면의 위기를 낳았다. 이것이 국가간체제의 위기는 아니다. 국가간체제는 그 주요 임무, 즉 계서제를 유지하고 반대운동을 억제하는 일을 여전히 아주 잘 수행하고 있다. 정치적 위기는 반체제운동 자체의 위기인 것이다. 사회주의운동과 민족주의운동 사이의 차별성이 희미해지기 시작하고, 점점 더 많은 운동들이 국가권력을 (그 자체가 지닌 여러 제약들과 더불어) 잡게 됨에 따라, 전세계의 운동들 전체는 국가의 모든 신성한 속성에 대해 재평가하지 않을 수 없게 되었는데, 그러한 속성은 19세기의 분석들에서 비롯된 것이었다. 자본축적자들이 자본의 축적에 성공함으로써 체제 자체를 위협하는 과도한 상품화가 이루어진 것과 마찬가지로, 반체제운동들이 권력 장악에 성공한 것은, 세계 노동자들이 스스로 이같은 자기제약적 전략을 받아들임으로써 붕괴의 위험성이 있는 체제를 지나치게 강화시키는 결과를 초래했던 것이다.

끝으로 위기는 문화적인 위기이다. 반체제운동의 위기, 즉 그 기본적 전략에 대한 의문은 보편주의 이데올로기의 전제들에 대한 의문을 불러일으키고 있다. 이것은 다음과 같은 두 가지 분야에서 진행되고 있다. '문명적' 대안에 대한 모색이 처음으로 진지하게 시도되고 있는 운동들의 분야와 14세기부터 나타나기 시작한 모든 지적 장치들이 서서히 의문시되고 있는 지적 활동 분야가 바로 그 것이다. 부분적으로는 이런 의문 역시 그 성공의 산물이다. 자연과학에서는 근대과학의 방법에서 비롯된 연구의 내적 과정들이 그 전제인 보편적 법칙의 존재에 대한 의문으로 귀결되고 있는 듯하다. 오늘날에는 과학에 '시간 개념'을 도입해야 한다는 논의가 일어나고 있다. 사회과학은 어떤 차원에서 볼 때는 다른 과학과 별로 관련이 없지만, 다른 차원에서 볼 때는 모든 과학의 여왕(즉 정상)이라고도 할 수 있는데, 이런 사회과학에서도 이제는 모든 발전론적 패러다임의 핵심에 대한 의문이 뚜렷이 제기되고 있다.

따라서 지적 문제들에 대한 논의의 재개는 한편으론 내부적 성공의 산물이자 내부적 모순의 산물이다. 그러나 그것은 스스로 위기에 빠져 있으면서도 역사적 자본주의의 구조에 대항하여 좀더 효율적으로 싸울 수 있게 된 여러 반체제운동들의 압력의 산물이기도 한데, 이 역사적 자본주의의 위기야말로 다른 모든 움직임의 시발점인 것이다.

역사적 자본주의의 위기는 흔히 자본주의에서 사회주의로의 이행이라고도 일컬어지고 있다. 나 역시 이런 식의 표현에 동의한다. 그렇지만 그것만으로는 충분한 설명이 되지 않는다. 우리는 사회주의 세계질서(world order), 즉 모든 사람들 사이에 존재하는 물질적 복지의 격차와 실질적 힘의 불균형을 근본적으로 좁히는 세계질서가 어떻게 작동할 것인지 아직 알 수 없다. 사회주의적이라고 자칭하는 현존 국가들이나 운동들은 앞날을 위한 안내자로서는 거의 아무런 쓸모가 없다. 그것들은 현재의 현상, 즉 역사적 자본주의의 현상이며, 따라서 그 틀 안에서 평가되어야 한다. 앞에서 지적한 바와 같이, 그것들이 비록 일률적으로 다 그렇다고 하기는 어렵겠지만, 자본주의의 붕괴를 가져오는 요인일 수는 있다. 그러나 앞날의 세계질서 자체는 우리가 거의 상상할 수 없는, 더욱이나 예견하는 것은 엄두도 낼 수 없는, 그런 방식으로 서서히 형성될 것이다. 따라서 그것이 좋은 것이라고 믿는 것, 심지어

훨씬 더 나은 것이 되리라고 믿는 것조차도 어쩌면 지나친 속단이
다. 다만 현재 우리가 가지고 있는 것이 좋은 것은 아니라는 점을
우리는 알고 있으며, 역사적 자본주의는 그 역사적 행로를 밟아오
면서——바로 그 성공에 의해서——점점 더 좋아진 것이 아니
라 더 나빠져왔다는 것이 내 생각이다.

4. 결론: 진보와 이행에 관하여

근대세계와 연관되어 있는 그리고 실상 그 중심을 이루고 있는 하나의 개념이 있다면, 그것은 진보라는 개념이다. 그렇다고 해서 누구나 다 진보를 믿어왔다는 말은 아니다. 프랑스혁명 이전에도 일부 있었지만 주로 그 뒤에 벌어졌던 보수주의자들과 자유주의자들 사이의 공개적인 일대 이데올로기 논쟁에서, 보수주의적 입장의 핵심은 유럽 그리고 세계가 겪고 있던 여러 변화를 진보라고 볼 수 있을 것인가, 또는 진보라는 것이 과연 적합하고 의미있는 개념인가 하는 데 대한 의문에 있었다. 그렇지만 우리 모두가 알고 있다시피, 앞날을 예고하고 또 19세기에 이르러서 오래 전부터 존속해온 자본주의 세계경제의 지배적 이데올로기가 된 개념을 구체화한 것은 바로 자유주의자들이었다.

자유주의자들이 진보를 믿은 것은 놀라운 일이 아니다. 진보의 개념은 봉건제에서 자본주의로의 모든 이행을 정당화했다. 그것은 남아 있는, 만물의 상품화에 대한 반대를 분쇄하는 것을 정당화했으며, 자본주의가 가져다주는 이익이 그 폐해보다 훨씬 크다는 것을 근거로 해서 자본주의에 대한 부정적인 생각을 일체 씻어버리려 했다. 따라서 자유주의자들이 진보를 믿은 것은 전혀 놀랄 만한 일이 아니다.

놀라운 일은 이들의 이데올로기적 반대자인 맑스주의자들 —— 반(反)자유주의자들이며, 억압받는 노동자계급의 대변자들 —— 이 적어도 자유주의자들 못지않게 열심히 진보를 믿었다는 사실이다. 분명히 이 믿음은 맑스주의자들의 경우에도 중요한 이데올로기적 목표에 이바지했다. 그것은 역사적 발전의 피할 수 없는 흐름을 구현한다는 이유에서 세계 사회주의운동의 여러 활동들을 정당화했다. 게다가 바로 부르조아적 자유주의자들의 이념을 이용하여 그들을 교란한다고 하는 점에서 이런 이념을 내거는 것은 매우 현명한 일인 듯싶었다.

그런데 진보에 대한 이 오랜 신념을 언뜻 보기에 빈틈없이 그리고 그처럼 열렬하게 품어온 것에는, 불행하게도 두 가지 조그마한 잘못이 있었다. 진보의 개념은 사회주의를 정당화했지만 또한 자본주의도 정당화했다. 먼저 부르조아지에게 찬사를 바치기 전에는 프롤레타리아트에 대한 찬가를 부르기 어려웠던 것이다. 인도(India)에 관한 맑스의 유명한 저술이 이 점에 대한 풍부한 증거를 제시했지만, 실은 **공산당선언** 역시 그랬던 것이다. 게다가 진보를 재는 잣대가 물질적인 것이었기 때문에(맑스주의자들이 이 점에 대해서 동의하지 않을 수 있을까?), 진보의 개념은 모든 '사회주의적 실험'과 배치될 가능성이 있었으며, 또 지난 50년 동안 실제로 그렇게 배치되어왔던 것이다. 생활수준이 미국보다 낮다는 이유로 소련을 매도하는 소리를 들어보지 못한 사람이 어디 있는가? 더욱이 흐루시초프가 큰소리쳤지만 이런 불균형이 앞으로 50

년 안에 없어지리라고 믿을 만한 근거는 별로 없다.

맑스주의자들에게는 진보라는 발전 모델을 받아들인 것 자체가 하나의 커다란 덫에 걸려드는 것이었다. 사회주의자들이 이것을 자본주의 세계경제의 전반적인 구조적 위기의 일부를 이루어온 이데올로기적 위기의 한 요소가 아닌가 하고 의심하기 시작한 것은 최근의 일에 불과하다.

역사적 체제로서의 자본주의가 직접 파괴했거나 변형시킨 그 이전의 여러 역사적 체제들에 비해서 진보를 나타냈다는 것은 한마디로 진실이 아니다. 심지어 나는 이 글을 쓰면서도 독신(瀆神)의 죄를 범하고 있다는 생각이 들어서 몸이 떨리는 느낌이다. 나는 신들이 노여워할까 두려움을 느낀다. 왜냐하면 나 자신이 나의 모든 동료들이 그랬던 것과 똑같은 이데올로기의 용광로 안에서 주조되어왔고 같은 신당(神堂)에서 예배를 드려왔기 때문이다.

진보를 분석할 때 한 가지 문제점은 사용되는 척도가 모두 일방적이라는 데 있다. 과학과 기술의 진보는 의심할 바 없는 사실이며, 또한 아주 놀랄 만한 일이라고들 하는데, 그것은 확실히 옳은 이야기다. 특히 기술에 관한 대부분의 지식이 누적적이라는 점에서 그렇다. 그러나 보편주의 이데올로기가 전세계를 휩쓸고 있는 가운데 이제껏 우리가 얼마나 많은 지식을 잃어버렸는가 하는 데 대해서는 전혀 진지하게 논의하려 하지 않는다. 설령 논의한다고 하더라도 그렇게 잃어버린 지식은 보잘것없는(?) 지혜에 불과하다고 치부해버린다. 하지만 농업생산성이나 생물학적 완벽성 등 단순한 기술수준의 면에서 한두 세기 전에 내던져버린 인간의 행동방식들(이러한 과정은 개명한 엘리뜨들이 낙후한 대중들에게 강요한 것이다)을 되살릴 필요가 있다는 점이 근래에 심심찮게 밝혀지고 있는데, 그것은 그 행동방식들이 효율이 낮은 것이 아니라 오히려 더 높은 것으로 드러났기 때문이다. 더욱 중요한 것은, 선진과학의 바로 '최첨단 분야'에서조차 한 세기 혹은 다섯 세기 전에 보란 듯이 내팽개쳐버린 전제들이 시험적으로 다시 도입되고 있다는 점이다.

역사적 자본주의가 인간의 기계적 능력의 한계(mechanical outreach)를 변화시켰다고들 말한다. 인간 에너지의 단위 투입량에 대한 생산품의 산출량이 꾸준히 늘어왔다는 것도 틀림없는 사실이다. 그러나 우리는 이러한 사실로 해서 개인들이 개별적으로, 혹은 자본주의 세계경제 내의 모든 사람들이 집단적으로, 단위 시간당이건 일생을 단위로 해서건 투입해야 하는 총에너지가 얼마나 감소했다는 것인지 또는 얼마나 증가했다는 것인지 하는 문제에 대해서는 제대로 따지지 않는다. 그 이전의 체제들에서보다 역사적 자본주의하에서 세계가 부담을 더 적게 지고 있다고 과연 우리는 장담할 수 있을까? 이를 의심할 만한 이유는 얼마든지 있다. 그것은 노동에 대한 강박관념(compulsion)이 바로 우리의 초자아(superegos) 속에 들어박혀 있다는 사실로도 입증된다.

자본주의 이전의 어떤 역사적 체제 아래서도 사람들이 오늘날의 체제 아래서와 같은 안락한 물질생활을 누린 적은 없으며, 이 체제에서처럼 그렇게 폭넓고 다양한 생활경험을 마음껏 누린 적은 없다고들 말한다. 이번에도 역시 이런 주장은 옳은 말처럼 들리는데, 이런 생각은 우리가 으레 우리의 삶을 바로 전대의 조상들의 삶과 비교하는 데서 우러나오는 것이다. 그러나 이 부분에 대해서도 20세기 내내 점점 더 많은 의문들이 꾸준히 제기되어왔는데, 가령 오늘날 '생활의 질'에 대한 언급이 잦아지고 있다거나, 아노미(anomie), 소외, 정신질환 등에 대한 관심이 고조되고 있다는 것이 그 보기이다. 마지막으로 역사적 자본주의는 여러 만성적인 위험들〔묵시록에 나오는 네 기수(騎手)들〕로 말미암은 상해와 죽음에 맞서서, 그리고 돌발적인 폭력에 맞서서 인간의 안전의 폭을 크게 넓혀왔다고들 말한다. 이 점 역시 미시적 안목에서 보면 반론의 여지가 없다(도시생활의 여러 위험들이 최근에 와서 재발견되고 있긴 하지만). 그러나 거시적 안목으로 볼 때 이것이 이제까지 정말로 옳았던 적이 있을까? 심지어 오늘날에 와서도 옳은 말이라고 할 수 있을까? 설령 핵전쟁이라는 다모클레스(Damocles)의 칼(Damoclean sword: 기원전 4세기 인물인 다모클레스가 왕의 행복을 찬양하자 왕이 그를 연회에 초청, 왕좌에 앉히고 말총으로 칼을 매달아 머리 위에 늘어뜨려 영광 속에도 위험이 뒤따른다는 것을 가르친 데서 비롯된, 행복의 절정에 달하여 있을 때에도 생명을 위협하는 위험이 따른다는 말 — 역자)을 논외로 친다고 해도 말이다.

요컨대 적어도 오늘날의 세계가 천년 전의 세계보다 더 많은 자유, 평등, 우애를 누리고 있다는 것이 결코 자명한 사실은 아니라고 말할 수 있다. 사실은 그 반대라고 하는 편이 차라리 옳을 것 같다. 역사적 자본주의 이전의 세계들을 목가적 전원으로 그릴 생각은 없다. 그 세계들은 자유, 평등, 우애가 별로 없는 세계였다. 다만 문제는 역사적 자본주의가 이 점들에 관해서 진보를 보여주었는가 아니면 퇴보를 보여주었는가 하는 점이다.

잔학행위의 정도를 비교하는 잣대에 관해서는 말하지 않겠다. 그런 잣대를 고안해내는 것은 힘든 일이고 썩 마음내키는 일도 아니다. 하긴 이런 마당에서 역사적 자본주의의 행적을 장미빛으로 바라볼 만한 이유는 거의 없지만 말이다. 20세기의 세계는 오래 전부터 내려온 이 잔학행위의 기술이란 면에서 비범하리만큼 세련된 재능을 보여왔다고 어지간히 뽐낼 수 있을 것이다. 끝없는 자본축적 경쟁이 낳은 도저히 믿을 수 없을 만큼 엄청난 사회적 낭

비, 돌이킬 수 없는 지경에까지 이른 그런 수준의 낭비에 대해서
도 말하지 않겠다.

나는 차라리 내 주장의 근거를 물질적인 문제들에 두고 싶고,
그것도 미래 사회의 그것이 아니라 자본주의 세계경제라는 현재의
역사적 시대의 그것에 두고 싶다. 내 주장은 좀 대담할지 모르지
만 아주 단순한 것이다. 나는 정통 맑스주의자들조차도 부끄러워
덮어버리려고 하는 맑스주의의 한 명제, 즉 프롤레타리아트의 (상
대적이 아니라) 절대적인 빈곤화 이론을 옹호하고자 한다.

벗들의 다정한 속삭임이 들려오는 것 같다. 설마 진심으로 하는
말은 아니겠지, 틀림없이 상대적 빈곤을 말하려는 것이겠지? 오
늘날 산업노동자들은 1800년의 그들에 비하면 눈에 띄게 더 잘살
고 있지 않은가? 산업노동자에 관해서는 그렇다고 말할 수 있다.
적어도 많은 산업노동자들에 대해서 그렇게 말할 수 있다. 그러나
산업노동자들은 아직도 세계인구 중 비교적 작은 부분을 차지하고
있다. 세계노동력의 압도적 부분을 차지하고 있는 사람들, 곧 시
골에 살거나 시골과 도시 빈민굴 사이를 왔다갔다하는 사람들은
500년 전 그들의 조상들보다 못살고 있다. 그들은 전보다 못 먹고
있으며, 이전보다도 균형잡히지 못한 식사를 하고 있음에 틀림없
다. 생후 1년간의 생존 가능성은 더 커졌지만(그것도 특권층을 보
호하기 위해 마련된 사회적 위생시설 덕택에), 세계인구 대다수의
한살 이후의 생존 기대연수의 경우도 이전보다 더 커졌는지는 의
심스럽다. 차라리 그 반대가 사실이 않을까 하는 생각이 든다. 그
들이 더 힘든 노동을 하고 있다는 점에는 의문의 여지가 없다. 그
들의 하루, 일년 그리고 일생 노동시간은 더 많아졌다. 그리고 이
렇게 노동하면서도 그들이 받는 총보수는 이전보다 못하기 때문에
착취율은 급격히 상승해왔다.

　그들은 정치적·사회적으로 더 많은 억압을 받고 있는가, 아니면 경제적으로 더 많은 억압을 받고 있는가? 이 점에 대한 분석은 더욱 어렵다. 일찍이 잭 구디(Jack Goody)가 이야기한 바와 같이, 사회과학에 행복의 정도를 측정할 기구는 없다. 자본주의 이전의 역사적 체제들에서 대부분의 사람들이 삶을 꾸려나갔던 작은 공동체들에는 확실히 인간의 선택의 폭과 사회적 다양성을 제약하는 일정한 형태의 사회적 통제가 있게 마련이었다. 많은 사람들에게 이것이 하나의 적극적 억압 현상으로 비쳤다는 데에는 의심의 여지가 없다. 그런 체제 안에서 좀더 만족감을 누렸던 다른 사람들의 경우, 그들이 만족감을 누린 대신에 인간의 가능성의 폭은 그만큼 좁아질 수밖에 없었다.

　다 알다시피, 역사적 자본주의를 건설하는 데에는 이러한 작은 공동체 구조들의 구실을 꾸준히 줄여나가거나, 심지어는 완전히 없애버려야만 했던 것이다. 그런데 이런 공동체 대신에 들어선 것은 무엇인가? 많은 지역에서 그리고 오랜 기간에 걸쳐서, 예전의 공동체 구조들이 떠맡아온 주요한 구실을 '플랜테이션', 즉 '기업가들'(entrepreneurs)에 의해서 통제되는 대규모의 억압적인 정치적·경제적 통제기구가 대신 떠맡아왔다. 자본주의 세계경제의 '플랜테이션들'이 —— 노예제, 감옥노동, (강제적인 또는 계약적인) 소작제를 기초로 한 것이든 아니면 임금노동을 기초로 한 것이든간에 —— '개인적 자유'(individuality)의 여지를 더욱 넓혀주었다고는 거의 말할 수 없다. '플랜테이션'은 보기 드물 만큼 효과적인 잉여가치의 수탈방식이라 할 수 있다. 그것은 인류 역사상 그 이전에도 분명히 존재했다. 그러나 일찍이 농업생산을 위해서 그것이 그처럼 광범하게 이용된 적은 없었다. 이는 그것이 광산업이나 대규모 기반시설물의 건설을 위해서 이용된 경우와 뚜렷이 구분되는 것으로, 이 두 가지 사업에 사역된 사람의 수는 전세계적 규모에서 볼 때 더 소수인 경우가 많았던 것이다.

예전의 느슨한 공동체적 통제기구 대신에 농업에 대한 직접적이며 권위주의적인 어떤 형태의 통제기구(바로 앞에서 '플랜테이션'이라고 이름붙인 것)가 나타나지 않았던 곳에서조차, 농촌지역에서 공동체 구조가 해체되는 것을 하나의 '해방'으로 여기지는 않았다. 왜냐하면 공동체 구조의 해체에는 새로 출현하는 국가기구에 의한 통제가 날로 증가하는 현상이 반드시 뒤따랐기 때문이었다. 아니 실은 바로 국가기구에 의한 통제의 증가로 말미암아 공동체 구조들이 해체되는 일이 흔히 있었기 때문이다. 그리고 점차 그러한 국가기구는 직접생산자가 자율적이고 지역적인 의사결정 과정을 밟도록 내버려두려고 하지 않았던 것이다. 노동력 투입의 증대와 이 노동활동의 전문화를 강요하는 방향으로 모든 노력이 경주되어왔다(노동자의 입장에서 볼 때, 이것은 그의 교섭상의 지위를 약화시키고 노동에 대한 권태감을 증대시키는 것이었다).

그러나 이것이 전부는 아니었다. 역사적 자본주의는 억압적이며 모욕적인 어떤 이데올로기 구조를 발전시켰는바, 그것은 일찍이 존재한 적이 없는 것으로서, 오늘날 우리가 성차별주의와 인종차별주의라 부르고 있는 것이다. 여기서 분명히해둘 것이 있다. 이미 지적한 바와 같이 여성에 대한 남성우위 관념과 일반화된 외국인혐오 감정 모두가 자본주의 이전의 역사적 체제들 내에서 널리 퍼져 있었고, 사실상 보편화되어 있었다. 그러나 성차별주의란 단순히 여성에 대한 남성우위 관념만을 의미하는 것이 아니었으며, 인종차별주의 역시 단순히 일반화된 외국인혐오 감정만을 의미하는 것은 아니었다.

성차별주의는 여성의 지위를 비생산적인 노동의 영역으로 떨어뜨리는 것이었는데, 그들에게 요구된 실제 노동이 오히려 더욱 강화되었다는 점에서 그리고 자본주의 세계경제하에서 생산적인 노동이 인류 역사상 처음으로 특권을 정당화하는 근거가 되었다는 점에서, 그것은 여성을 이중으로 모욕하는 것이었다. 이는 자본주의체제 안에서 좀처럼 헤어나기 어려운 이중의 족쇄를 채우는 것이었다.

인종차별주의는 이방인, 즉 이 역사적 체제 밖에 있는 어떤 사람에 대한 증오나 박해가 아니었다. 그와 정반대로 인종차별주의는 역사적 체제 안에 있는 노동력을 계층화하는 것이었으며, 그 목표는 억압받는 집단을 체제 밖으로 내모는 것이 아니라 체제 안에 묶어두려는 것이었다. 그것은 보수에 대한 권리를 규정하는 데 가장 중시되어야 할 것이 생산적 노동임에도 불구하고, 그런 생산적 노동에 대해 낮은 보수를 주는 것을 정당화했다. 그것은 보수가 가장 낮은 노동이 곧 가장 질 낮은 노동이라고 규정함으로써 그렇게 정당화했던 것이다. 이런 일은 **그 정의에 따라서** 수행되었기 때문에, 설령 노동의 질에 어떤 변화가 있다 하더라도 그것은 트집의 형태만을 변화시킬 뿐 그 이상의 효과를 가져올 수가 없었다. 그럼에도 불구하고 이 이데올로기는 개인적 노력에 대해서는 개인적 지위이동이라는 보상이 주어진다고 천명했다. 이같은 이중의 족쇄도 마찬가지로 헤어나기 어려운 것이었다.

성차별주의와 인종차별주의는 한결같이 '생물학적 특성'에 따라 각자의 지위가 규정되는 어떤 사회적 과정들이었다. 생물학적 특성은 아무래도 사회적으로 곧바로 변화시킬 수 있는 것이 아니었기 때문에, 사회적으로 형성되었지만 막상 사회적으로 해체하기는 쉽지 않은 그런 구조가 외견상 성립한 것처럼 보였다. 물론 정말로 그런 것은 아니었다. 사실을 말하자면 성차별주의와 인종차별

주의의 구조는, 이것들을 만들어냈고 또 이것들의 작동에 의해서
아슬아슬하게 유지되어온 역사적 체제 전체를 해체하지 않고서는
이제까지 해체할 수 없었고 또 지금도 해체할 수 없는 것이다.

그렇기 때문에 물질적인 측면에서나 정신적인 측면에서나 (성차
별주의와 인종차별주의로 말미암은) 절대적인 빈곤화가 있었던 것
이다. 이것은 물론 자본주의 세계경제 안에 있는 인구 중 상층
10~15%와 그 나머지 인구 사이의 잉여 소비의 '격차'가 점점 더
커져왔음을 의미하는 것이었다. 그런데도 그렇지 않은 것 같은 인
상을 우리가 받아온 것은 기본적으로 다음과 같은 세 가지 사실에
서 비롯되었다. 첫째, 능력주의 이데올로기는 사실 상당한 정도의
개인적 지위이동, 심지어는 노동력 분야에서 특정 인종집단 및/
또는 직업집단의 지위이동이 일어날 수 있게 하는 작용을 해왔다.
그러나 이런 일이 일어났어도 세계경제의 전반적 통계수치에 근본
적인 변화는 없었다. 왜냐하면 새로운 인구가 세계경제 안으로 편
입됨으로 말미암아, 또는 여러 종류의 인구성장률의 차이로 말미
암아 하위계층의 규모가 더 커졌고, 그럼으로써 개인(또는 하위집
단)의 지위이동의 효과가 상쇄되었기 때문이다.

격차가 점점 더 커진 것을 우리가 보지 못한 두번째 이유는, 우
리의 역사학적·사회과학적 분석들이 '중간계층', 즉 세계경제의
인구 중 10~15%를 차지한 층 안에서 일어나고 있는 일에만 집중
되어왔다는 점에 있는데, 이들 중간계층은 자신들이 생산해낸 것
보다 더 많은 잉여를 소비한 사람들이었다. **이 계층 안에서는** (전
체 인구의 1% 미만인) 최상층과 (10~15% 중의 그 나머지인) 진
짜 '중간'부분 또는 중간간부층 사이에 어지간히 극적인 평준화가
이루어져온 것이 사실이다. 지난 수백년 동안 역사적 자본주의의
'진보적' 정책들 가운데 상당 부분은, 전세계 잉여가치의 분배에

참여한 이 소집단 내의 불평등한 분배를 꾸준히 줄이는 결과를 가져왔다. 이들 '중간'부분이 상층 1%와의 격차를 줄이는 데 성공했다고 해서 내지르는 승리의 환성 속에서 그들 전체(15%)와 나머지 다른 85% 인구 사이의 격차가 벌어지는 현실은 은폐되어왔던 것이다.

마지막으로, 격차의 확대 현상이 왜 이제껏 집단적 논의의 초점이 되지 못했는가 하는 데 대한 세번째 이유가 있다. 지난 10년 내지 20년 사이에 세계 반체제운동들의 집단적인 압력과 경제적 접근선에의 접근으로 말미암아, 상대적인 양극화가 둔화하지는 않았을지라도 절대적인 양극화의 진행은 둔화했을 수도 있는 일이다. 하지만 이것마저도 역시 신중하게 주장되어야 하며, 또 절대적 양극화가 증대해온 지난 500년간의 역사적 발전이라는 맥락에서 평가되어야 한다.

진보의 이데올로기를 낳은 현실적 조건들에 관해서 논의하는 것은 중요한 일이다. 왜냐하면 그러지 않고서는 한 역사적 체제에서 다른 역사적 체제로 이행하는 데에 대해 현명한 분석을 할 수 없기 때문이다. 진화론적인 진보 이론은, 나중에 오는 체제가 앞선 체제보다 더 나은 것이라는 가정만이 아니라 어떤 새로운 지배집단이 이전의 지배집단을 대체한다는 가정까지도 담고 있었다. 그렇기 때문에 자본주의는 봉건제보다 진보한 것일 뿐만 아니라, 그런 진보는 본질적으로 '토지귀족'(또는 '봉건적 요소들')에 대한 '부르조아지'의 승리, 그것도 혁명적인 승리에 의해서 성취되었다는 것이다. 그러나 만약 자본주의가 진보적인 것이 아니었다면, 부르조아혁명이라는 개념은 무슨 뜻인가? 부르조아혁명은 단 하나만 있었는가, 아니면 여러가지 모습으로 나타났는가?

역사적 자본주의가 진보적 부르조아지에 의한 퇴보적 귀족의 타도를 통해서 등장했다는 식의 이미지가 잘못된 것임은 이미 주장한 바 있다. 그것이 아니라 역사적 자본주의는, 낡은 체제가 붕괴하고 있었기 때문에 스스로 부르조아지로 변신한 토지귀족에 의해서 탄생했다고 하는 것이 올바른 기본적 이미지인 것이다. 그들은 붕괴과정이 불확실한 결말을 향해 나아가는 대로 내버려두기보다는 오히려 직접생산자들을 착취하는 그들의 능력을 유지하고, **더욱이 이를 크게 신장하기** 위해 그들 스스로 근본적인 구조상의 외과수술을 감행했던 것이다.

그러나 만일 이같은 새로운 이미지가 올바른 것이라면, 자본주의에서 사회주의로의 이행, 자본주의 세계경제에서 사회주의 세계질서로의 이행이라는 현재의 상황에 대한 우리의 인식은 근본적으로 수정된다. 이제까지 '프롤레타리아혁명'은 어느정도 '부르조아혁명'을 본보기로 삼아왔다. 부르조아지가 귀족을 타도했듯이, 프롤레타리아트도 부르조아지를 타도할 것이다. 이런 유추가 바로 이제까지 세계 사회주의운동의 전략적 행동을 구성한 기본적인 벽돌이 되어왔던 것이다.

가령 부르조아혁명이 일어나지 않았다고 해서, 그것이 어떠한 프롤레타리아혁명도 일어난 적이 없으며 또 앞으로도 일어나지 않으리라는 것을 의미하는 것일까? 논리적으로나 경험적으로나 그것은 천만의 말씀이다. 하지만 그것은 이행의 문제에 대한 우리의 접근방식이 달라져야 함을 뜻하는 것이기는 하다. 우선 우리는 붕괴를 통한 변화와 의도적으로 통제된(controlled) 변화, 말하자면 사미르 아민(Samir Amin)이 구별했듯이 '쇠퇴'(decadence)와 '혁명'이라고 하는 것, 즉 그가 로마의 몰락에서 일어났다고 주장한 (그리고 오늘날 일어나고 있다고 말하는) 그런 종류의 '쇠퇴'와 봉건제에서 자본주의로 이행하는 과정에서 일어난 것과 같은 좀더 통제된 변화를 서로 구별해서 생각할 필요가 있다.

그러나 이것이 전부는 아니다. 왜냐하면 바로 앞에서 주장한 바와 같이 통제된 변화들(아민의 '혁명들')이 반드시 '진보적인' 것이어야 할 이유는 없기 때문이다. 따라서 우리는 노동착취라는 현실을 그대로 놓아둘 (심지어 이를 증대시킬) 그런 종류의 구조적인 변형과, 이러한 착취를 완전히 없애버리거나 적어도 근본적으로 줄일 그런 종류의 구조적인 변형을 구별해야만 한다. 이 말이 뜻하는 바는, 우리 시대의 정치적 쟁점은 역사적 자본주의에서 다른 어떤 것으로의 이행이 일어날 것인지 여부가 아니라는 것이다. 그런 문제는 우리가 알고 있는 한 아주 확실한 것이다. 우리 시대의 정치적 쟁점은, 이행의 결과 나타날 이 다른 어떤 것이 오늘날 우리가 가지고 있는 것과 도덕적인 면에서 근본적으로 다른 것이 될 것인지, 다시 말해서 참다운 진보가 될 것인지 여부의 문제인 것이다.

진보가 필연적인 것은 아니다. 그것을 위해서 우리는 투쟁하고 있는 것이다. 그리고 이 투쟁이 취하고 있는 형태는 사회주의 대 자본주의의 형태가 아니라, 비교적 계급이 없는 사회로의 이행 대 계급에 입각한 어떤 새로운 생산양식(역사적 자본주의와는 다르지만 반드시 그보다 더 나은 것은 아닐 수도 있는 생산양식)으로의 이행이라는 형태다.

세계 부르조아지가 할 수 있는 선택은 역사적 자본주의를 유지하는 것과 자살하는 것 가운데 어느 하나가 아니다. 그것은 한편으론 '보수적' 자세, 즉 체제의 지속적인 붕괴와 그 붕괴의 결과 불확실하기는 하지만 아마도 조금 더 평등한 세계질서로의 변형을 가져오게 하려는 자세와, 다른 한편으론 이행과정에 대한 통제권을 장악하려는 대담한 시도, 즉 부르조아지 자체가 '사회주의적'

옷을 걸치고 또 그럼으로써 소수의 이익을 위해 세계노동력의 착취과정을 그대로 남겨둘 또 하나의 역사적 체제를 만들어내려는 시도 가운데 어느 하나인 것이다.

세계 사회주의운동의 역사와 어떤 형태로건 사회주의 정당이 집권한 국가들의 역사를 제대로 평가하려면, 우리는 세계 부르조아지에게 주어졌던 이같은 현실적인 정치적 대안들에 그것들을 비추어보아야만 한다.

이런 평가를 하는 데 유념해야 할 첫번째 그리고 가장 중요한 사실은, 세계 사회주의운동 그리고 실제 온갖 형태의 반체제운동들도 모든 혁명적인 그리고/또는 사회주의적인 국가들과 마찬가지로 그 자체가 바로 역사적 자본주의의 불가결한 산물이었다는 점이다. 그것들은 그 역사적 체제의 외부적 구조가 아니라, 그 내부적 과정의 배설물이었다. 따라서 그것들은 그 체제가 지닌 모든 모순과 제약들을 반영해왔다. 이제껏 그럴 수밖에 없었으며, 지금도 그럴 수밖에 없다.

그들의 과오, 한계, 부정적 결과 들은 역사적 자본주의의 대차대조표에 속하는 것이지, 사회주의 세계질서라는 아직 존재하지 않는 가상적인 역사적 체제의 그것에 속하는 것은 아니다. 혁명적인 그리고/또는 사회주의적인 국가들 안에서 노동력의 착취가 극심하다는 사실, 정치적 자유가 없다는 사실, 성차별주의와 인종차별주의가 존속하고 있다는 사실들은, 이 나라들이 새로운 사회체제의 특유한 속성보다는 자본주의 세계경제 내의 주변지역과 반주변지역에 계속 위치하고 있다는 사실과 더욱 밀접하게 연관되어 있다. 역사적 자본주의 안에서 노동자계급의 몫으로 존재했던 약간의 빵조각은 언제나 핵심부지역에 집중되어왔다. 부당하게도 이런 현상은 지금도 여전히 사실인 것이다.

따라서 반체제운동들과 그것들이 관여해서 만들어낸 체제들에 대한 평가는, 그것들이 과연 '좋은 사회'를 만들어냈느냐 혹은 만들어내지 못했느냐 하는 측면에서 내려질 수 있는 것이 아니다. 올바른 평가는 자본주의가 하나의 평등한 사회주의 세계질서 쪽으로 이행하는 것을 보장하는 전세계적 투쟁에 그것들이 얼마나 기여해왔는가 하는 물음에 의해서만 내려질 수 있다. 이때 평가는 더욱 모호한 것이 될 수밖에 없는데, 그것은 여러 상호모순적인 과정들 자체의 작용 때문이다. 모든 긍정적인 노력에는 긍정적인 결과만이 아니라 부정적인 결과도 뒤따르게 마련이다. 한 측면에서 체제를 약화시키는 것은 언제나 다른 측면에서 체제를 강화시킨다. 그러나 그 정도가 반드시 똑같지는 않다! 모든 문제는 바로 여기에 있는 것이다.

반체제운동의 가장 큰 공헌이 그것의 동원국면에서 이루어졌다는 사실은 의심의 여지가 없다. 반란을 조직하고 의식을 개조함으로써 그것들은 인간을 해방시키는 세력으로서 구실해왔다. 그리고 개별 운동들의 공헌은 역사적 지식이라는 하나의 되먹임 기제 (feedback mechanism)를 통해서 시간이 지남에 따라 점점 더 커져왔다.

이런 운동들이 국가구조 안에서 일단 정치권력을 떠맡게 되자, 그들의 반체제적 추진력을 둔화시키기 위해 운동의 안팎으로부터 가해지는 압력이 기하급수적으로 증대했기 때문에, 그것들은 이전처럼 그렇게 잘 해나갈 수 없게 되었다. 그렇다고 해서, 이것이 그같은 '개량주의'와 '수정주의'에 대해 전적으로 부정적인 대차대조표를 의미하는 것만은 아니었다. 권력을 잡은 반체제운동들은 어느 정도까지는 그들이 내건 이데올로기에 사로잡힌 정치적인 포로였으며, 그래서 혁명적 국가 안의 직접생산자들과 그 국가 밖의 반체제운동들에서 오는 조직적인 압력에 직면하게 되었던 것이다.

역사적 자본주의가 그 발전의 종착점, 즉 만물의 상품화가 더욱 확대되고, 전세계 반체제운동 가족의 힘이 더욱 성장하고, 인간 사고의 합리화가 쉼없이 계속되는, 바로 그런 지점에 가까이 다가가고 있는 지금이야말로 진짜 위험이 나타나고 있는 시점이다. 이 역사적 체제의 붕괴를 재촉하는 것은 바로 이 체제의 완전한 발전인바, 이 체제는 그 논리가 이제까지 오직 부분적으로만 실현되어 왔기 때문에 번영해온 것이다. 그리고 바로 그것이 무너지고 있는 동안에, 또 바로 그렇게 무너지고 있기 때문에, 이행을 추구하는 여러 세력들의 악대차(bandwagon)는 한층 더 매력적으로 보이게 될 것이며, 또 **그렇기 때문에** 그 결과가 어떻게 될 것인가는 한층 더 불확실해질 것이다. 동지들이여, 자유·평등·우애를 위한 투쟁은 아직도 계속되고 있으며, 투쟁의 장은 점점 더 범세계적 종류의 반체제세력들 자신의 내부가 될 것이니라.

공산주의는 유토피아다. 그것은 아무데도 존재하지 않는다. 그것은 구세주의 도래, 그리스도의 재림, 열반(涅槃)과 같은 이 세상의 온갖 종교적 종말론의 화신이다. 그것은 역사적 전망이 아니라, 현재의 신화다. 이와 대조적으로 사회주의는 어느 날엔가 세계에서 구체적으로 나타날 수 있는 실현 가능한 역사적 체제다. 유토피아를 향한 이행과정에서의 하나의 '임시적' 기간이라고 주장되는 그같은 '사회주의'에 대해서는 관심이 없다. 오직 구체적으로 역사적인 사회주의, 곧 평등과 형평을 극대화하는 하나의 역사적 체제로서 규정할 수 있는 최소한의 특징들을 갖춘 사회주의, 인간 자신의 삶에 대한 인간의 통제(민주주의)를 증대시키고 또 그 상상력을 해방시키는 그러한 사회주의에 대해서만 우리는 관심을 가지고 있다.

제 2 부

자본주의 문명

1. 득 실 표

　자본주의 세계경제인 근대 세계체제는 장기 16세기(1450년에서 1650년까지의 200년간을 말함 ― 역자) 동안 유럽과 아메리카의 일부 지역에서 발생했고, 그후 줄곧 팽창하여 전 지구를 포괄하게 되었다. 역사적 자본주의는 하나의 역사적 체제로서 몇가지 고유한 특징들을 지니고 있다. 그 가운데 마땅히 주목받아야 했지만 좀처럼 그러지 못했던 한 가지는, 자본주의가 일부한테서는 찬양을 받아온 반면, 실질적으로 그 발생 초부터 다른 일부한테서는 격렬하게 비난을 받아왔다는 점이다. 실상 수많은 사람들이 드러내놓고 자본주의를 찬양하기 시작한 것은 그것이 이미 약 3세기 정도 발전을 해온 다음의 일이었다. 나는 이만큼 그 체제에 몸담고 있는 사상가들에 의해서뿐만 아니라 그 참여자들 다수에 의해서 본질적이면서도 서로 모순된 평가를 받아온 역사적 체제는 일찍이 없었을 것이라고 생각한다.

　이 체제 안에서 그것의 장점과 단점, 긍정적인 결과와 부정적인 결과의 득실표(balance-sheet)를 가지고 논쟁 —— 이것이 내가 지금부터 요약하려는 논쟁인데 —— 을 벌일 수 있다는 생각은 아마도 이 체제에 대해서만 가질 수 있는 독특한 것이며, 따라서 이는 어느 경우에나 그 성격을 규정해주는 여러 특징 가운데 하나라고 하겠다. 오직 이 특정한 역사적 체제만이 이렇듯 끈질기고 공공연한 논쟁을 불러일으켜야만 했던 이유 자체가 여기서 밝혀보고자 하는 문제인 것이다.

이 논쟁에서 가장 기묘한 측면은 크게 두 편으로 가를 수 있는 비판자들이 있고, 또 이들이 서로 모순되어 보인다는 점이다. 한 편의 비판자들은 자본주의가 지나치게 평등주의적이며, 사회의 평화와 공동체의 조화를 지나치게 파괴했다는 이유로 그것을 혹평한다. 또 다른 한 편의 비판자들은, 모든 이해관계의 조화라는 신화 이면에서, 역사적 자본주의가 본질적으로는 불평등주의적이라고 생각한다.

이처럼 서로 대립되는 비판들이 존재한다는 사실을 가지고, 자본주의 문명의 옹호자들이 지나치게 양극단적인 입장들에 반대하여 전략적으로 중용을 견지하고 있다는 표시로 받아들이고 싶어하는 사람들이 있을지도 모른다. 만약 이것이 찬양자들의 주장이라면, 그렇게 받아들이고 싶어하는 것도 무리는 아닐 것이다. 그러나 그들은 이렇게 말하지 않는다. 오히려 역사적 자본주의의 옹호자들은 계서제적이고 조화로운 사회질서의 장점들을 내세우는 사람들에 대해서, 자본주의가 특권의 파괴라 일컬어질 만큼 혁명적이고 진보적인 특징들을 지녔다고 자랑해왔다. 반면 자본주의를 불평등하고 억압적인 구조를 가진 체제로 보는 비판자들에 대해서는, 이른바 개인의 능력을 인정하고 장려할 수 있는 자본주의의 능력을 자랑하고, 차별적인 보상, 즉 당연한 보상으로서 획득된 특권은 바람직할 뿐만 아니라 불가피한 것이라고 역설해왔다.

따라서 자본주의의 옹호자들 역시 그 반대자들만큼이나 자가당착적인 것으로 보인다. 비판자들과 옹호자들, 비난자들과 찬양자들 모두가 한결같이 극단적인 입장을 가지고 있으며, 중용의 입장을 대변하는 사람은 아무도 없다(또는 사실상 없는 것처럼 보인다). 이는 좀 이상한 변태현상(anomaly)이며, 게다가 그것이 끈질기게 지속되어왔다는 점에서 더더욱 이상한 현상이다. 모든 경기자들이 그렇듯 혼란스런 입장을 취하고 있는 것은 과연 무슨 목적을 위해서일까? 이는 마치 두 운동경기 팀이 있는데, 그들이 똑같은 복장을 한 채 마구 뒤섞인 대형으로 한 경기장을 뛰어다니고 있는 형국과 같다.

이런 경우에 득점이라는 것이 있을 수 있는가? 즉 득실표가 있을 수 있겠는가? 공정한 득실표가 있을 수 있는가라고까지 물을 생각은 없다. 하지만 도대체 득실표라는 것이 있을 수 있는가를 묻고 있는 것이다. 내 생각에 이 질문에 대한 답변은 이렇게 혼란스러운 투쟁이 왜, 또 어떻게 해서 이제껏 유지되어왔는가 하는 문제를 밝힌 다음에야 가능할 것이다.

1) 묵시록의 네 기사, 혹은 기본적인 필요

지난 5,000여 년에 걸쳐 인류는 일련의 종교들을 발전시켜왔는데, 이 종교들은 모두 적어도 한 가지의 기본적인 특징을 공유해왔다. 그것들은 우리가 알고 있는 세계의 물질적 참상들에 대해 어떤 대답, 혹은 어떤 위안을 제시하고자 해왔던 것이다. 이러한 물질적 참상들은 묵시록의 네 기사라는 기독교의 형상에 아주 잘 요약되어 있다. 이 넷은 전쟁(즉 민족간 혹은 국가간의 전쟁), 내전, 기근 그리고 역병이나 재난 혹은 맹수들에 의한 죽음이다. 이들 네 기사는 세계의 공포이자, 평화와 기쁨과 만족의 파괴자들이다.

세계의 종교들은 그들이 줄 수 있는 모든 위안을 베풀어왔으나, 이같은 위안은 이 악덕들에 대한 어떠한 정치적인 (다시 말하면 현세적인) 해결책도 존재하지 않는다는 전제 위에서 베풀어진 것이었다. 이 악덕들은 (적어도 일부 종교들의 경우에는) 구세주의 시대가 오거나 역사 저편에 도달할 수 있는 어떤 다른 길이 열리지 않는다면, 그리고 그전까지는 불가피한 것이었다.

자본주의 문명은 역사 속에서 '역사 저편'에 도달할 수 있다고 주장했다는 점에서, 즉 악들은 불가피하다는 딜레마를 해결하고 지상에 신의 왕국을 건설할 수 있다고, 다시 말해서 묵시록에 나오는 네 기사의 위협을 극복할 수 있다고 주장했다는 점에서 특이한 것이었다. 처음부터 찬양자들은 하나의 역사적 체제인 자본주의가 최소한 그 테두리 안에 살고 있는 모든 개인들의 (최근 몇십 년간의 용어를 빌리자면) '기본적인 필요'를 충족시켜줄 것이라고 주장해왔던 것이다.

어떤 의미에서 그 주장은 매우 단순하고 직설적이다. 자본주의는 생산의 효율성을 높임으로써 집단적 부를 엄청나게 증대시켜왔는데, 이 부는 비록 불균등하게 분배되어왔다고는 하나, 모든 사람들이 다른 또는 이전의 역사적 체제들에서 가능했던 수준 이상의 것을 받을 수 있도록 보장해주기에 충분했다. 이것이 이른바 분배의 '트리클다운'(trickle-down) 이론(정부자금을 대기업에 유입시키

면 그것이 중소기업과 소비자에게까지 미쳐 경기를 자극한다는 이론 — 역자)
이라는 것인데, 이 이론 자체는 단지 생산에서의 '보이지 않는 손'
이론을 구체화한 것에 지나지 않는 것이다. 자본주의체제가 다른
어떤 체제보다도 우월하고 또 독특할 뿐만 아니라 유일한 '자연적'
체제라고 자본주의 문명의 옹호자들이 주장할 수 있었던 것은 자
본주의에서 비롯되었다고들 하는 이같은 유익한 결과 때문인 것이
다.

　이들 옹호자들은 이러한 견해에 대해 어떤 증거를 제시해왔는
가? 기본적으로, 그 증거는 분명한 것이었다. 현대세계를 보라고
그들은 말한다. 기왕에 알려진 다른 어떤 세계보다 더 풍요롭지
않은가? 기술적 성취는 놀라운 것이 아니었던가? 현실적으로 모
든 사람이 이전보다 더 잘살고 있지 않은가? 그리고 특히 자본주
의를 가장 잘 받아들여 실행하고 있는 듯이 보이는 바로 그런 나
라들이 가장 부유하고 경제적으로 가장 앞선 나라들이지 않은가?

　이런 식의 실증에서 나온 주장은 지금까지 약 200년 동안 아주
수많은 사람들한테 매우 설득력이 있는 것이었으므로 아주 진지하
게 검토되어야 할 것이다. 이는 역사적 자본주의 내에서 응용과학
이 떠맡은 중심적인 역할에 매우 굳건한 근거를 두고 있다. 이들
은 다시 한번 분명한 증거를 통해서 주장하기를, 과학과 기술은
오직 역사적 자본주의의 틀 안에서만 진정으로 융성해왔는데, 이
는 오로지 이 체제 내에서만 과학자들이 이전의 체제들에서 씌운
속박들로부터 벗어나게 되었기 때문이라는 것이다. 게다가 과학활
동에 대한 기업가들의 직·간접적인 보조금이 궁극적으로 이들 기
업가들에게 매우 큰 물질적 보상을 안겨주는 것이었으므로, 한편
으로 이런 주장은 사실이기도 했다. 이제 이 주장들의 타당성을
네 기사들 하나하나의 관점에서 그 역순으로 검토해보기로 하자.

자본주의 문명은 역병, 재난, 사나운 짐승에 의한 죽음을 (완전히 제거한다는 것은 물론 불가능한 노릇이지만) 지연시켜왔는가? 이는 가장 넓은 의미의 보건과 위생에 관한 문제다. 14세기에 유라시아대륙은 흑사병을 겪었다. 불완전하나마 현재의 평가에 따르면, 감염지역 인구의 약 1/3이 이 병으로 때이른 죽음을 당했다. 이것이 세계사에서 알려진 그런 세계적 규모의 전염병 중 처음은 물론 아니었지만, 그처럼 광범위한 것으로는 마지막이었다. 왜 이것이 마지막이 되었을까? 여기에는 기본적으로 두 가지 이유가 있다. 첫째는 개개인을 보호한 것이다. 의학지식이 크게 향상됨에 따라 우리는 그러한 질병들의 공격을 어떻게 하면 피할 수 있는지 (예를 들면 예방접종 따위), 또 일단 개인들이 감염되었을 때 어떻게 하면 그 영향을 최소화할 수 있는지 등에 대해 훨씬 더 잘 알게 되었다. 두번째 이유는 집단 전체를 보호한 것이다. 우리는 질병의 확산을 억제할 수 있는 기술과 더불어 더 나은 공중보건환경을 조성할 수 있는 방법에 대해서 알게 되었다〔이런 기술 가운데 가장 초기에 나온 좀 원시적인 방법이 검역격리(quarantine)인데, 이 말 자체는 대흑사병이 퍼졌을 당시 라구싸(Ragusa) 항구에 도착한 사람들을 40일 동안 강제 격리한 데서 비롯된 것이다〕.

득실표에 들어갈 만한 다른 종류의 뚜렷한 증거는 없을까? 적어도, 앞서 말한 증거를 뒤집는 세 가지 현상을 여기서 들 수 있을 것이다. 첫째로, 자본주의 세계경제의 팽창과 떼려야 뗄 수 없는 부분으로서, 바로 운송 분야에서 일어난 기술적 발전으로 말미암은 기생유전자집단(parasitic gene pools)의 혼합이 초래한 파괴적 결과들을 들 수 있다. 이는 1500~1700년 사이의 태평양 횡단 교역의 경우 가장 분명하게 밝혀져 있다. 아메리카대륙의 토착인구 가운데 상당한——1/3을 훨씬 넘는——수가 이 과정에서 사라졌다. 이와 비슷한 현상이 오세아니아에서 그리고 아프리카, 아시아, 유럽의 변방지대에서도 일어났다.

둘째로, 단지 지난 20여 년 동안의 의학연구만 보더라도, 자본주의 문명과 따로 떼어 생각할 수 없는 경제적 기술들에 직접 연관된 환경변화로 말미암아 실제로 수많은 질병들이 수적으로 증가해왔음을 뚜렷이 알 수 있다. 셋째로, 지구 곳곳에서 일어난 폭발적인 인구증가로부터, 그리고 어떤 의미에서는 바로 그것 때문에, 완전히 새로운 유형의 질병들이 발생하고 있음은 충분히 있음직한 일이다. 이것이 (다른 자기면역 질병들과 마찬가지로) 후천성 면역결핍증(AIDS)과 같은 새로운 전염병의 중요한 요인일지도 모른다는 소견이 있다. 따라서 우리는 지금 다른 종류의 새로운 무서운 전염병의 시대의 문턱에 와 있는 것인지도 모른다.

의학의 발전으로 말미암아 '연장된' 생명들의 수와 갑작스런 기생의 교환 때문에 '창조되지도 못했던' 생명들의 수를 어떻게 맞비교할 수 있단 말인가? 특히나 후자는 수치로 나타내기 힘들며, 따라서 현재로서는 그러한 비교를 할 만한 아주 좋은 방법은 없다. 그러나 적어도 이런 평가가 그렇게 간단치는 않으며, 한쪽으로 치우친 것은 분명 아니라는 점을 알아두어야 한다. 세계체제 내의 국가들 중 좀더 산업화된 국가에서 유아사망률이 현격하게 감소해왔음은 분명하다. 20세기에는 남(南, the South)에서도 감소해온 듯하다. 비록 세계경제의 침체기에도 그랬는지, 아니면 경제 팽창기에만 그랬는지는 그다지 분명치 않지만 말이다. 산업화된 국가들에서 60세 이상의 고령자들이 의학기술의 발전 덕분으로 그전에 비해 질병에 대한 저항력이 더 커졌음은 다 아는 사실이다. 유아사망률의 감소와 60세 이상 연령자들의 수명 연장이라는 이 두 가지의 변화가 평균수명의 연장을 가져온 원인의 큰 몫을 차지하며, 어쩌면 그 원인의 전부일지도 모른다. 유아기를 넘긴 사람이 60세까지 살 가능성이 이전에 비해 증가했는지의 여부는 아주 불분명하다. 새로운 전염병들이 전체 수치까지 바꿔놓게 될지 여부도 물론 불분명하다. 그러나 우리는 지리적으로는 매우 불균등할지라도 질병에 맞선 투쟁에 관하여 자본주의 문명에 일단은 긍정적인 점수를 줄 수 있다.

기아에 대한 투쟁은 어떠한가? 과거에 비해 오늘날 기근은 덜 위협적인 것이 되었는가? 전(前)근대 시기에 인류의 주된 문제는 해마다 생산에 영향을 끼치는 단기적인 기후변화였다. 운송체계가 취약했을 뿐 아니라 장기적으로 저장할 수 있는 식량의 양이 제한되어 있었고 개인의 현금 보유가 전반적으로 드물었음을 감안할 때, 주요 식량의 국지적 공급이 급격하게 감소하는 것은 어떠한 경우에든 즉각적이고 심각한 문제들을 야기하였다. 오늘날 기술의 발전으로 단기적인 기후의 변동이 예측 가능해짐에 따라 세계의 많은 (아마도 대부분의) 지역이 그로 말미암아 재해로부터 보호받게 되었다는 것은 대체로 맞는 말이다.

하지만 환경조건의 중기적 변화에 대해서는 어떠한가? 우리로 하여금 단기적으로 자연적 생물환경에 개입할 수 있도록 해주었던 바로 그같은 기술의 발전 때문에 중기적으로는 생물환경의 조건들이 망쳐져버렸다. 주요 삼림의 파괴와 사바나 지역의 사막화, 이 모두는 인간과 그들의 장기적인 식량공급의 파괴를 뜻하는 것이다. 20세기 들어 화학생물학적 오염이 급격히 심화됐으나 아직까지는 그 피해를 충분히 평가할 수 없다. 만약 오존층이 더욱더 파괴된다면, 생명체의 (직접적인 그리고 식량공급에 끼치는 영향을 통한) 파괴는 엄청나게 될 것이다.

따라서, 한편으로는 식량의 총생산량과 생산성이 놀라운 증가를 보인 반면에, 다른 한편으로는 세계인구의 다수 특히 하층의 50~80% 인구에 대하여 단기적 위협 대신 중기적 위협을 가한 극도로 왜곡된 분배체계가 자리잡아왔던 것이다.

　내전은 어떠한가? 그것은 감소해왔는가? 나는 지리적으로 구별되는 두 국가나 두 국민(인민)간의 전쟁 또는 제국의 지배자에 대항하는 점령지의 반란이라는 형태를 띠지 않는 집단들간의 모든 폭력을 이 범주 속에 포함시킨다. 어떤 면에서 '내전'이란 자본주의 세계경제의 발명품이라고도 할 수 있다. 이는, 사회적으로 서로 다른 '국민들'로 규정되는 집단들이 도시 지역 내에서 극도로 뒤섞여 있고 인접해 있는 어떤 체제의 구성요소들인 '국민'과 '국가' 사이에서 나타나는 복잡한 관계의 산물이다. 이는 우연적인 것이 아니며, 자본주의 세계경제의 본질적인 구조화과정에서 비롯된 것이다.

　자본주의 세계경제에서는 그것이 가장 잘 작동하기 위해서 특정한 지리적 장소에서 발생하는 노동력의 수요를 충족시킬 만한 광범위하고도 끊임없는 국민들의 (강제적인 동시에 자발적인) 이동이 필요했다. 이와 더불어 세계 노동력의 인종집단화(ethnicization)가 진행되었으며, 그 결과 어느 특정 지역에서나 인구는 (그 구분기준이 피부색이나 언어, 종교 아니면 어떤 다른 문화적 구성물이든간에) 여러 인종집단으로 나뉘게 됨을 볼 수 있다. 가계들이 속해 있는 (지역마다 제각기 규정된) 인종적 계층과 그들의 직업적·계급적 지위 사이에는 언제나 높은 상관관계가 존재하기 마련이다. 물론 인종적 경계선의 규정, 이를테면 어떤 인종집단이 어떤 직업계층과 상관관계를 맺는가 하는 따위의 세부적인 사항들은 끊임없이 변한다. 그러나 계층화의 원칙은 자본주의 세계경제의 변함없는 특징으로, 노동력의 총비용을 감소시키는 데, 그리고 국가구조의 정당성을 부인하려는 시도를 봉쇄하는 데 한결같이 기여했다.

이러한 인종집단화의 과정은 그 어떤 득실표에서 보더라도, 분명히 점수를 깎아내리는 측면이 있다. 그것은 상층 인종과 하층 인종 사이에, 그리고 하층 인종들 사이에 끊임없는 투쟁이 벌어지게 하는 구조적인 기반을 만들어낸다. 이러한 투쟁들은 역사적 시간의 절반을 차지하는 세계경제의 주기적 하강기 때마다 더욱 치열해지는 경향이 있다. 이 투쟁들은 흔히 폭력적인 양상으로 악화되었는데, 그 양상은 소규모 폭동에서 대대적인 인종학살에 이르기까지 천차만별이었다.

여기서 결정적인 요소는, 세계노동력의 인종집단화에는 인종차별주의라는 이념이 필요했는데, 이같은 이념 속에서 세계인구 중 다수가 하층계급으로, 열등한 존재로 규정되어왔고, 그리하여 궁극적으로는, 직접적인 정치적·사회적 투쟁의 결과 어떠한 운명에 처할지라도 이를 달게 받아들여야 하는 그런 존재로 규정되어왔다는 점이다. 이러한 '내전들'은 시간이 지남에 따라 감소하기는커녕 20세기 들어 오히려 더욱 파괴적이고 살륙적인 것이 되었다. 이는 현 세계체제의 득실표에서 아주 커다란 감점 요인인 것이다.

마지막으로 진짜 전쟁을 살펴볼 차례다. 국가간 그리고/또는 국민간의 전쟁들은 얼마간이라도 기록된 증거가 존재하는 역사적 체제에서는 언제나 계속되어왔다고 할 수 있다. 확실히 전쟁이 근대 세계체제 특유의 현상이 아님은 분명하다. 반면, 자본주의 문명의 기술적 성취들은 이번에도 역시 선한 목적 만큼이나 악한 목적에도 이용되었다. 히로시마에 떨어진 폭탄 하나가 전근대 시기의 모든 전쟁에서 죽은 사람들을 합친 것보다 더 많은 사람들의 생명을 앗아갔다. 중동 전역을 휩쓸었던 알렉산더대왕의 정벌도 그 파괴력 면에서는 이라크와 쿠웨이트에 끼친 페르시아만 전쟁의 영향과는 비교가 되지 않는다.

끝으로 우리는 세계체제의 물질적 양극화를 충분히 따져봐야만 한다. 물질적 부가 상품화된, 그리고 상품화될 수 있는 모든 대상을 뜻하는 것이라면, 이만한 경제적 '성장'이 비록 몇몇 1차 천연자원들을 상당히 고갈시킨 대가로 얻어진 것이라 할지라도, 물질적 재화의 총량은 크게 성장해왔다고 할 수 있다. 그리고 이 잉여가치는 이전에 존재한 어떠한 역사적 체제의 경우와 비교해보더라도 훨씬 더 많은 사람들에게 분배되어왔다. 1500년 이전에 존재했던 여러 역사적 체제에서는 거의 언제나 하나의 부유한 계층, 혹은 상대적으로 좀더 부유한 계층이 있었다. 그러나 그런 계층의 규모는 극히 작았다. 몇몇 경우에 그 비율이 더 높았을지도 모르겠으나, 상징적인 의미에서 그것을 전체 인구의 1% 정도라고 말할 수 있을 것이다.

자본주의 문명에서 잉여가치를 나눠 가지는 사람들의 수는 훨씬 늘어났다. 이들이 이른바 중간계급들이라고 하는 집단이다. 이들은 중요한 계층이다. 하지만 그들의 규모를 과장하는 것은 큰 오류를 범하는 일일 것이다. 세계적인 차원에서 볼 때, 이 집단은 모르긴 해도 세계인구의 1/7을 넘어본 적이 결코 없었을 것이다. 물론 이 '중간계층들'의 다수는 특정한 지리적 지역에 집중되어 있으며, 따라서 자본주의 세계경제의 핵심부국가들에서는 이들이 시민층의 대다수를 이루고 있을 것이다. 실제로 중간계층들이 한 국가의 정치적 경계 내에 고도로 집중되어 있다는 사실은 오늘날 핵심부지역을 규정하는 특징의 하나다. 그러나 세계적으로 볼 때 이들의 비율은 훨씬 더 낮다. 아마도 자본주의 세계경제의 구조 내에 살고 있는 사람의 85%는 500~1,000년 전의 세계 노동인구가 누리던 생활수준 이상을 분명히 넘지 못할 것이다. 정말이지 그들 가운데 다수, 어쩌면 대다수는 물질적으로 더 나빠졌다고 말할 수 있을는지도 모른다. 어쨌든 그들은 단지 생계를 꾸려나가기 위해서만도 분명히 이전보다 훨씬 더 열심히 일해야 한다. 그들이 더 적게 먹고 있는지도 모르겠지만, 더 많은 것을 사들인다는 것은 확실하다.

그렇다면 자본주의 문명이 묵시록의 네 기사를 쳐부순 것인가? 기껏해야 부분적으로만 그랬을 뿐이며, 그것마저도 그렇게 한결같았다고는 할 수 없다. 그러나 이제껏 우리는 문제를 양적으로만 다뤄왔다. 우리는 그것을 질적으로도 논의하지 않으면 안된다. 으레 '삶의 질'이라는 제목으로 논의되는 온갖 문제들이 바로 여기에 속하는 것이다.

2) 개인적인 삶의 질

우선 물질생활의 질을 들 수 있다. 이는 생존을 위한 '기본적인 필요'를 넘어선 안락함 및 소비의 다양성에 관련된 문제다. 여기서도 역시 형세는 뒤죽박죽이다. 우리의 20세기 '소비자사회' (consumer society)는 확실히 과학 및 그것의 신발명품들과 일정한 함수관계에 있다. 우리는 이전의 문명들에서는 결코 꿈에도 생각할 수 없던 기기들을 가지고 있다. 가장 두드러지고 오늘날 가장 널리 보급된 것만 꼽아봐도, 전기, 전화, 라디오와 텔레비전, 옥내 배관시설, 냉장고와 냉·난방기, 자동차 등을 들 수 있다.

1500년에는 책 한 권조차도 대단한 사치품이었다.

그러나 여기서도 역시 엄청나게 불균등한 분배가 나타난다. 대부분의 미국 가정은 자동차를 가지고 있다. 반면 인도나 중국에서 자동차를 소유한 가정은 극히 드물다. 물론 그들 대부분도, 라디오라면 마을의 공동재산일 경우에 한해서 이용할 수 있다. 바닥과 꼭대기의 상대적인 격차가 상당히 크고 또 점점 더 확대되어간다 할지라도, 절대적인 수준에서 보면 극빈계층조차 이 새로운 발명품들을 그들의 선조들보다는 틀림없이 더 많이 가지고 있을 것이다. 그러나 이 절대곡선이 곧바른 상향곡선을 그리고 있는지 여부조차 확실치는 않다. 현재 50~80%의 하층 인구의 경우, 이 절대곡선의 정점에 이미 도달해 있음직하며, 따라서 이들에 대한 절대곡선이 다시 아래 쪽을 향할 가능성에 직면해 있다고 할 수 있다.

자본주의 문명의 가장 두드러진 발명품들 가운데 하나인 관광으로 눈을 돌리면, 상황은 한층 더 명확해진다. 사람들이, 심지어 부유하고 권력을 지닌 사람들이라 할지라도, 소득생산을 위한 노동에서 벗어나서 인생의 한 기간을 여행하고, 관찰하며, 일상적으로 진행되는 생활 속에서 맛볼 수 없는 즐거움들을 누리는 데 소비할 수 있다는 개념은 이전의 그 어느 역사적 체제에서도 일찍이 존재한 적이 없었다. 이것은 근대 초기에 극소수 귀족의 오락으로 생겨났는데 20세기 말에는 세계 중간계층들도 으레 기대할 수 있는 것이 되어버렸다. 물론 이것 역시 기술적 진보로 말미암아 가능케 된 것이다. 그러나 여기서 두 가지 눈여겨봐야 할 것이 있다. 아무리 크게 잡아도, 관광여행을 한번이라도 해볼 수 있는 사람은 세계인구의 5~10%에 불과하다. 뿐만 아니라 이 정도의 관광인구만으로도 관광여행에 따르게 마련인 많은 파손들을 감당하기가 어려워져서, 최고급 관광자원들의 존재 자체가 위협받을 지

경이다. 관광이란 과부하가 걸리게 되면 아주 파괴적인 것이 된
다. 오늘날 이미 이런 과부하상태가 되었으나, 세계인구의 80%는
아직껏 관광여행에 참여하지 못하고 있는 실정이다. 만일 그 숫자
가 더욱 확대된다면, 관광지는 오직 공식적인 할당제도를 통해서
만 보호될 수 있을 것이다. 그리고 이럴 경우 각 개인에게 돌아가
는 혜택은 현저하게 감소할 것이다.

　주로, 개인이 누리는 안락함과 물질적 만족의 다양성에 대한 논
쟁으로 말미암아 상반된 평가들이 내려지고 있다. 자본주의 문명
의 비판자들은 세계인구의 1/7이 누릴 수 있는 생활과 세계의 도
시 빈민굴 및 농촌의 빈곤지역에서 영위되는 생활 사이에 가로놓
인 격차가 점점 더 커지고 있음을 지적한다. 이같은 대조는 아주
인상적이며, 심지어 끔찍하기조차 하다. 자본주의 문명의 옹호자
들은 그 격차란 단지 상대적일 뿐이며, 절대적인 측면에서 세계의
빈민은 500년 전보다 덜 가난하다고 주장한다. 앞서 말했듯이, 절
대적인 격차에 대한 증거 자체가 하나의 경험적인 논쟁거리인 것
이다. 도덕적으로 문제가 되는 것은, 단지 상대적인 것일 뿐이라
하더라도 점증하는 이 격차가 과연 용납될 수 있는 것인가 하는
점이다. 이에 대한 옹호자들의 대답은, 그 격차는 더이상 커질 것
같지는 않으며 곧 줄어들 수도 있다는 것이다.

　더 나아가 자본주의 문명의 옹호자들은, 비록 개인적 소비생활
의 안락함과 다양성에 관한 전체상은 아주 복잡한 것이라 치더라
도, 세계의 교육기관들을 만들고 이를 기하급수적으로 확장시켜온
점은 자본주의 문명이 가져다준 한 가지 순수한 혜택이라고 주장
한다. 그처럼 교육기관이 확장됨에 따라 모든 개인들이 자신들의
잠재적인 능력을 더욱 잘 실현할 수 있었고, 그리하여 그들 가운
데 일부는 자신의 능력을 입증함으로써 계급의 장벽을 넘어설 수

있었다는 것이 그들의 주장이다.

일반 공식교육이라는 개념 자체가 (비교적 뒤늦게 나온 것이긴 하나) 자본주의 세계경제의 산물이다. 학생들이 학교에서 보내야 하는 시간의 면으로 보나, 또 세계인구의 여러 집단들이 학교를 다닐 수 있게 된 면으로 보나 교육기관들은 꾸준히 확장되어왔다. 이처럼 지금까지 약 2세기에 걸쳐 계속 확장되어왔으나, 이것이 특히 가속화된 것은 1945년 이후의 일이었다. 오늘날 적어도 원칙적으로, 모든 남자 어린이와 거의 모든 여자 어린이들에게 초등교육이 실시되지 않는 정치적 권역은 사실상 존재하지 않는다. 동시에 중·고등교육 역시 (그 정도가 초등교육에는 미치지 못한다 해도) 줄곧 확장되어왔다.

교육기회의 증대는 좀더 높은 수준의 전일고용의 가능성을 증대시켜준다고 이야기된다. 물론 상대적인 면에서 이는 사실이다. 말하자면, 교육연수와 소득 사이에는 높은 상관관계가 존재하는 것이다. 그러나 절대적인 면에서도 그렇다고 한다면, 이는 매우 의심스러운 주장이다. 교육시설이 확장됨에 따라서 일정한 직업에 대해 요구되는 교육수준이 줄곧 높아지는 결과가 빚어진 것이다. 그리하여 1990년경에 초등교육과정을 이수한 사람이 1890년경에 아무런 공식교육도 받지 못한 사람과 똑같은 직업을 갖게 되는 현상이 나타났다.

교육기관의 증대가 가져온 한 가지 중요한 결과는 동년배 집단 전체가 낮시간 동안 각 가계에서, 그리고 가정 밖의 작업장에서 없어진다는 것이다. 이들 집단 전체는 더이상 자신들의 가계를 위해 벌어들이지 않을 뿐만 아니라, 거꾸로 수업료가 무료인 경우라 할지라도 각 가계가 그들을 위해서 소득의 상당한 부분을 부담하게 되었다. 이렇게 해서 각 가계들은 '인간자본'이라는 다소 거창하게 들리는 것에 투자하도록 강요받는다. 세계체제 내의 대부분의 가계들에서 과연 교육의 혜택이 그 비용보다 크다고 할 수 있겠는가?

일반교육의 두번째 주요한 결과는 여러 '인생의 단계'라는 개념과 이것들의 개별적인 현실이 발전·정착하게 되었다는 점이다. 이전의 역사적 체제들에서 한 개인의 인생은, 태어난 직후의 짧은 완전한 의존기간과 인생 막바지의 짧은 (하지만 전혀 없을 수도 있는) 비교적 그 정도가 높은 의존기간, 이렇게 양끝 기간을 제외하면, 노동과 사회적 참여로 이루어지는 하나의 긴 기간이었다. 그런데 현재 사람들은 비교적 긴 기간을 노동력에서 벗어나 부분적으로 의존적인 아동기를 보낸다. 이런 긴 아동기는 교육체제에 상응하는 몇개의 단위들로 구분된다. 즉 유치원에 다니는 초기 아동기, 초등교육을 받는 진정한 아동기, 중등교육을 받는 소년기 그리고 대학교육을 받는 청년기로 나뉘며, 요즘은 여기에 대학원에서의 훈련기간 그리고/또는 직장생활 초기의 수습기간인 청년 성인기(young adulthood)가 보태지고 있다. 이런 식의 연령집단 구분은 여기서 그치지 않는다. 장년기나 제3연령기가 있으며, 심지어 요즘엔 제4연령기라고 하는 것까지 있다. 물론 남성보다는 여성의 경우에 장년기 동안의 역할 배당의 내용이 다양해지는 경향이 있어왔다.

인생을 여러 기간으로 나누는 이런 식의 사회적 분화의 큰 장점은, 그것이 인간의 성취라는 측면에서 각 기간마다 특수한 관심과 적응노력을 쏟을 수 있도록 해준 것이라고들 말한다. 이것이 어느 정도까지 사실이라는 것은 의심의 여지가 없다. 그러나 이 장점에는 상당히 큰 손실이 뒤따른다는 점에 주목하지 않으면 안된다. 즉, 이제 한층 더 좁은 기간으로 한정되는 장년기의 남성을 제외한 모든 연령층의 사람들은 권력과 물질적 혜택에 온전히 참여할 수 없도록 배제되어버린 것이다. 너나할것없이 인생의 여러 단계들을 똑같이 거친다는 그럴듯한 허울 아래, 우리는 이전의 역사적 체제들에 존재한 덜 복잡한 연령 계서제보다 훨씬 중대한 결과를 초래하게 될, 아주 경직된 곡선형의 연령 계서제를 세워놓은 것이다.

그럼에도 불구하고 궁극적인 문제는 교육이 과연 교육적인가, 만약 그렇다면 어느 정도까지나 그러한가 하는 문제일 것이다. 즉 그 어원으로 되돌아가볼 때, 교육이 과연 얼마만큼이나 협소한 지평선에서 좀더 넓은 지평선으로 '사람들을 이끌어'(educere)주었는가 하는 것이다. 기본적으로 전제되어 있는 가정(假定)은, 지식과 가치체계에 대한 지역적이고 또 가정(家庭)에 근거를 둔 사회화는 본래부터 편협한 것인 반면에, 공식교육은 언어 및 수리능력, 경험적 지식과 분석기술 등을 쌓도록 해줌으로써 이런 교육의 수혜자가 자신의 편협한 한계들을 극복하고, 일반적인 인간의 잠재력에 대하여, 또 그 자신만의 특수한 잠재력에 대하여 어떤 보편적인 인식에 도달할 수 있도록 해준다는 것이다.

그러나 확산된 공식교육이 존재해온 동안 거기에는 내내 각각의 지역적 혹은 국가적 특성에 따른 교육이 '제대로 이루어지지 못했음'을 역설해온 비판자들이 있었다. 이 비판자들은 편협한 시야에서 벗어나 (어떤 이들은 진리라 하고, 또 어떤 이들은 다양성에 대한 감수성이라고 하는) 좀더 넓은 시야를 갖도록 '사람들을 이끌어주는' 바로 이런 기능이 실제로 수행된 적이 없었다고 늘 주장해왔다. 그럼 이런 기능이 실제 수행되어왔다는 주장은 얼마나 설득력이 강한 것일까? 확실히 교육은 '내전'이라는 현상을 감소시키지 못했다. 오히려 실제로는 이를 부추겼는지도 모르며, 심지어 내전을 조장한 주범이었을지도 모른다. 개인의 잠재능력이 좀 더 올바르게 실현되었다면, 그것은 교육이 증대된 것만큼이나 지리적 이동이 증가한 결과라고 해야 마땅할 것이다. 대부분의 부모들은 교육을 그들 자녀들에게 아주 긴요한 일종의 경제적 필수품같이 여기면서 직업배치에 필요한, 날로 높아져만 가는 공식교육 수준을 따라가기 위해서 숨가쁘게 달리고 있다. 하지만 학교에 다니는 대부분의 사람들은 학교를 하나의 부담이자 노동세계로부터의 배제라고 생각한다. 우리 자녀들의 이런 생각이 그렇게 비합리적인 것이라고 자신있게 말할 수 있을까?

3) 집단적인 삶의 질

우리의 사회생활 구조 속에는, 자본주의 문명의 옹호자들이 이 문명의 성과 또는 적어도 이 문명의 약속이라고 주장하는 두 가지의 최고 덕목이 있는데, 이는 곧 보편주의와 민주주의다. 그러나 이에 대해서도 역시 비판자들은 바로 그 정반대라고 주장한다. 즉 바로 이 두 가지 덕목이 없다는 것이야말로 자본주의 문명이 안고 있는 두 가지의 최고 악이라는 것이다. 득실표의 다른 항목들에서도 그랬던 것처럼, 이에 대한 판정은 누구를, 그리고 무엇을 측정하느냐에 달려 있는 것이다.

보편주의란 무엇인가? 여기에는 여러 영역이 있다. 보편주의란 합리적이고 객관적이며 영원한──따라서 보편적인──진리들이 존재한다는 주장이다. 오늘날 우리는 이것을 과학이라고 한다.

보편주의란 또한 보편적인 윤리를 결정하는 어떤 종류의 자연법이 존재하며, 따라서 모든 사람이 받아들이고 따라야 할 어떤 사회적 관행들이 존재한다는 주장이다. 오늘날 우리는 이것을 인권이라고 한다. 동시에 보편주의란 노동력의 적절한 배치를 결정하는 객관적인 능력기준이 존재한다는 신념이기도 하다. 오늘날 우리는 이것을 능력주의라고 한다. 자본주의 문명의 옹호자들이 긍지로 삼는 것이 바로 이 과학·인권·능력주의라는 보편주의의 삼중창이다.

어째서 과학이 그토록 강조되어왔는지, 또 어째서 과학은 보편적 지식에 진실로 다가설 수 있는 자신의 사제들만이 단순한 범인(凡人)들에게 그 진리를 보여줄 수 있는 사실상의 세속적 종교가 되었는지, 이제 그 이유를 알 수 있을 것이다. 이는 근대과학이 근대기술의 토대이며, 오늘날의 세계가 인류의 기본적 욕구들을 충족시키는 동시에 개인적 삶의 질을 높일 수 있게 된 것도 이른바 이 근대기술의 성과 덕분이라고 사람들이 믿기 때문이다. 과학에 대한 신봉은 자본주의적 축적의 무한한 확장 가능성에 대한 신념의 (토대라기보다는) 반영인 것이다.

보편적 법칙의 공식화를 향한 쉼없는 행진으로 과학을 보는 시각, 이른바 베이컨-뉴튼주의적 과학관이 지난 약 500여 년 동안의 지배적인 시각이었다. 그러나 이러한 과학관에 대한 과학계 자체 내의 심각한 도전이 19세기 말부터 시작되었는데, 특히 지난 20여 년 동안 그 세력이 아주 거세지고 있다. 이러한 도전은 본질적으로 예측 불가능한 (그렇지만 질서정연한) 방향으로 갈라지는 분기(分岐, bifurcation)들을 초래하는 분산(分散)구조(dissipative struc-ture)들의 확산 개념이라든가 평형과는 거리가 먼 혼돈 및 열린 체계의 정상상태라는 개념 등으로 해서, '새로운 과학'이라는 형태를 띠어왔다.

이같은 '새로운 과학'이 우리의 득실표에 대해 제기하는 기본적인 문제는, 지난 500여 년간 제기되지 않은 과학적 질문들은 무엇이며, 또 이제껏 추구되지 않은 과학적 모험들은 어떤 것들인가 하는 것이다. 그것은 또한 어떤 과학적 모험들이 해볼 만한 가치가 있는 것인가 하는 것을 누가 결정해왔으며, 세계의 권력구조라는 관점에서 그 결과는 무엇이었는가 하는 질문을 제기한다. 예컨대 사람들은, 기존의 직선적 경향들이 그대로 계속될 것이라고 가정하면서 여러 체계적 딜레마들을 본질적으로 기술적 해결이 가능한 체제외적 장애의 범주로 치부해버리는 접근 태도가 아니라, 분산구조들 및 필연적인 분기들을 연구·분석의 중심과제로 삼는 좀더 전체적이고 과학적인 접근태도에 의해서, 자본가적 기업가들이 자신들의 여러 비용을 외화(externalize)한 직접적 결과인 현재의 생태계 문제가 완전히 제거되지는 않았다 해도, 적어도 완화되어온 것은 아닐까 하고 생각한다.

질문을 던진다는 것은 이미 그것에 대답하는 것과 마찬가지인데, 왜냐하면 이런 물음 자체가 결국 이른바 보편적 과학이 그 주장과는 반대로 이제껏 편협하고 배타적이었음을 드러내주기 때문이다. 그렇다면 그 업적에 대한 득실표를 작성하기 위해서, 우리는 이 과학으로부터 생겨날 수 있었던 기술만이 아니라 이제껏 상실된 또는 추구되지 못한 또 다른 기술들까지 계산에 넣어야 할 것이다. 즉 그 자랑거리뿐만 아니라 그 허물도 따져봐야만 하는 것이다. 앞으로 전개될 30여 년간의 과학적 활동은 지난 500여 년에 대하여 우리가 좀더 냉정한 평가를 내리도록 해줄 것이다.

진리의 문제는 그렇다 치고 그럼 적어도 자유의 문제는 어떠한가? 자본주의 문명은 세계에 보편적 자유의 전범(典範)이 처음으로 번성하도록 하지 않았는가? 인권이 법적·도덕적으로 최우선 이라는 개념 자체가 근대세계의 산물이 아니던가? 물론 그렇다. 타고난 인간의 권리라는 개념은 그것의 보편적 적용 가능성과 현 세적 성격이라는 관점에서 볼 때, 이전의 어떠한 세계종교에서 나 온 개념도 따를 수 없는 중요한 진보를 뜻하는 것이다. 자본주의 문명은 그런 개념을 정당화하고 또 이를 널리 퍼뜨렸다는 점에서 공로를 인정받아 마땅할 것이다.

그럼에도 불구하고 우리는 세계의 구체적인 현실들에서는, 인권 이 심각하게 침해되고 있음을 알고 있다. 사실상 이전의 역사적 체제들에서는 비록 겉치레라도 인권에 대한 주장 같은 것은 찾아 보기 어려웠다. 이에 비해 오늘날 모든 정치적 실체들은 인권의 수호자임을 자처한다. 그러나 국제사면위원회는 별로 힘들이지 않 고도 세계 도처에서 벌어지는 인권침해 사례들의 기다란 목록을 작성해낸다. 인권선언은 과연 악덕이 미덕에 바치는 위선적인 경 의 이상의 것일까?

세계체제의 일부 국가들에서는 다른 곳에 비해 인권이 잘 준수 되고 있다고 주장하는 사람이 있을 수도 있다. 그리고 이는 틀림 없는 사실이다. 물론 언뜻 보기에 문제가 적어 보이는 국가들에서 조차도 인권이 으레 침해당하는 완전히 내부적인 지역들과 인구층 이 여전히 존재하기는 하지만 말이다. 게다가 세계 곳곳의 난민들 의 경우, 현 세계체제 내의 총인구 가운데 그들이 차지하는 비율 은 줄어드는 게 아니라 오히려 늘어가고 있으며, 이들의 인권 박 탈은 익히 알려진 바다.

하지만 어디서 인권이 좀더 잘 지켜지고 또 어디서 그렇지 못한 가 하는 여러 부류의 인권준수 상황들을 우리가 드러낼 수 있다 치더라도, 도대체 이러한 사실이 무엇을 입증해준다는 말일까?

왜냐하면 부유하고 강력한 국가일수록 인권침해가 적고(아니면 덜 노골적이고), 가난하고 힘없는 나라일수록 인권침해가 많다는 상관관계가 존재한다는 사실은 굳이 힘들이지 않고도 알 수 있기 때문이다. 이러한 상관관계는 두 가지 정반대되는 방식으로 이용될 수 있다. 어떤 사람들이 볼 때는, 이 상관관계는 '자본주의적인' 국가일수록 인권이 더욱 옹호되며, 그 역의 경우도 물론 성립한다는 사실을 입증하는 것이다. 그러나 다른 사람들이 볼 때는, 그것은 세계체제의 어느 한 지역에 유리한 결과들이 집중하고 그밖의 다른 지역에는 부정적인 결과들이 집중하는 또 다른 방식을 입증해주는 것인데, 이런 현상 자체는 역사적 자본주의의 산물로서 이 체제 안에서는 인권이라는 것이 어떤 보편적 가치가 아니라 바로 특권에 대한 보상에 지나지 않는 것이다.

보편적 과학과 보편적 인권이 모두 의문시되자, 옹호자들은 종종 지위의 보편적 배치 또는 능력주의라는 것을 강력하게 주장하고 나섰다. 자본주의 문명의 신화에 따르면, 이전의 모든 역사적 체제들에서 개인은 태어나면서부터 그 신분이 정해져 있었지만, 유일하게 역사적 자본주의에서는 능력에 따른 배치── 프랑스혁명에서 주장된 바 '재능에 따른 출세'(career open to talents) ── 가 생겨났다는 것이다.

다시 한번 우리는 신화와 현실을 주의깊게 비교하지 않으면 안된다. 사실상 이전의 역사적 체제들에서 개인의 사회적 상승이 전혀 없었던 것은 아니다. 이런 일은 언제나 있었다. 만약 그렇지 않았다면, 어떻게 여러 귀족지배체제들이 ── 주로 군사적 자질을 갖춘 사람들에 의해 ── 전복되는 일이 모든 곳에서 끊임없이 되풀이될 수 있었겠는가? 또한 종교적 조직들 역시 실력에 의한 ── 이 경우엔 비군사적 자질에 의한 ── 사회적 상승을 항상 허용하고 있었다. 실은, 시장을 통한 상승조차 아주 흔한 일은 아니었지만 그다지 드문 일도 아니었다.

　자본주의 문명은 두 가지 점에서 달랐다. 첫째는, 능력주의가 단순히 사실상의 현실로서가 아니라 하나의 공식적인 덕목으로서 천명되었다는 점이다. 그 문화가 달라진 것이다. 둘째는, 그러한 상승이 가능했던 전세계 인구의 비율이 늘어갔다는 점이다. 그러나 비율이 늘어났다고는 해도, 능력에 따른 출세는 상당 부분 여전히 소수의 몫으로 남아 있었다. 왜냐하면 능력주의란 거짓된 보편주의이기 때문이다. 그것은 보편적 기회를 천명했지만, 그런 보편적 기회는 원래 보편적이지 않을 때라야만 그 의미가 있는 것이다. 능력주의란 본래 엘리뜨주의적인 것이다.

　더 나아가, 우리는 능력주의를 실행하는 기관들이 과연 얼마만큼이나 능력을 근거로 하여 실제로 결정을 내리는지에 대해 따져봐야만 한다. 여기서 우리는 교육기관들의 기능이라는 문제로 되돌아가게 된다. 정말로 그것들은 학생들의 능력을 근거로 하여 정확하게 등급을 매기고 있는가? 물론 그것들이 능력을 점수로 수량화할 수는 있다. 그러나 점수가 각 지역마다 선택된 기준에 따라서 지역적으로 매겨지는 이상, 이 점수들을 서로 비교할 수 있는 것이라고 보기는 어렵다. 아마도 능력평가의 점수화가 지녔다고 할 수 있는 최대의 장점이라면, 이 방식이 채점과정에서 제대로 선별하기 어려운 대규모의 중간집단을 그냥 내버려둔 채, 아주 특출한 소수집단과 아주 열등한 소수집단을 쉽사리 가려내준다는 점일 것이다. 하지만 전체의 80%가 되는 중간능력집단 가운데 기껏해야 1/4만이 비교적 높은 보수를 받는 지위에 앉을 수 있는 직업구조가 있다고 할 때, 이들 가운데서 다시 선별이 이루어져야 하는데, 여기서 가족의 사회적 지위가 중요한 선별기준이라는 것은 명백한 사실이다. 제도화된 능력주의 체제는 소수의 사람들이 마땅히 앉을 자격이 있는, 그리고 만약 다른 체제하에서라면 그들이 배제될 수도 있는 그런 지위를 따내는 데 도움을 준다. 그러나 이 체제는 업적에 따른 지위 획득이라는 그럴듯한 구실 아래, 더욱더 많은 사람들로 하여금 그들이 속해 있는 신분(status)에 따라 지위를 얻도록 해주는 것이다.

자본주의 문명의 미덕에 대한 두번째 주된 주장은 그것이 민주주의를 키워냈고 또 번성하도록 해주었다는 것이다. 민주주의를 아주 간단히 정의하자면, 평등의 원칙에 입각하여 모든 수준의 의사결정에 대한 참여가 극대화되는 것이라고 할 수 있겠다. 그리하여 '1인 1표'의 원칙은 민주주의적 참여의 첫걸음에 불과한 것이라 할지라도, 민주주의적 국가구조의 한 상징이 되어왔다. 민주주의를 향한 기본적 추진력은 평등주의를 향한 추진력이다. 반면 이를 거스르는 역진력은 두 가지가 있는데, 하나는 특권을 추구하는 경향이고, 다른 하나는 훌륭한 솜씨(competent performance)를 추구하는 경향이다. 이 두 역진력은 한결같이 여러 계서제로 귀결된다.

현실에 대한 해석에서 나타나는 커다란 차이점은 역진력이 하나가 아니라 둘이라는 사실을 통해서 설명된다. 자본주의 문명의 옹호자들은 이 문명이 특권적 계서제를 끝장낸 최초의 역사적 체제였다고 주장한다. 물론 그들은 훌륭한 솜씨는 유지되어왔으며, 또 유지되었어야만 한다고 덧붙인다. 예를 들어, 어린아이가 부모와 동등한 발언권을 갖는 일이 허용될 수는 없다는 것이다. 자본주의 문명의 비판자들은 이것이 하나의 커다란 사기라고 고발한다. 그들은 특권의 계서제가 훌륭한 솜씨의 계서제라는 가면을 쓰고 있으며, 한정된 사회적 상황들(가령 유아의 사회적 자율권 같은 문제)에서만 정당화될 수 있는 계서제가 실은 민주주의적인(즉 평등주의적인) 규범들이 지배해야 마땅할 노동과 공동체 등 훨씬 더 광범위한 상황들에 부적절하게 마구 적용되고 있다고 주장한다. 여기서 알 수 있듯이, 능력주의에 대한 논쟁과 민주주의에 대한 논쟁은 서로 관련되어 있는 것이다.

그러므로 자본주의 문명의 득실표를 작성하려면, 세계체제 내에 존재하는 사회적 영역 전부를 고려해야 하고, 의사결정의 계서제가 (특권의 필요성에 반대되는) 훌륭한 솜씨의 필요성이라는 측면에서 봤을 때 과연 어느 정도까지 정당화될 수 있는가 하는 기준으로 이 각각의 영역들을 평가해야 하며, 나아가 현 세계체제에 대한 이러한 평가들을 이전의 역사적 체제에 대해 비슷한 방식으로 집약된 평가들과 비교하여 요약해내야만 한다. 이는 좀처럼 엄두를 내기가 어려운 작업이다. 역사적 자본주의 내에 더 큰 민주주의가 존재한다는 명제를 뒷받침하는 주된 논거는 정치적 투표제도가 확산되었다는 점이었다. 물론 다른 한편에서는, 형식적 투표권의 실질적 중요성에 대한 회의론이 종종 제기되어왔다. 그러나 이 문제는 제쳐두고서라도, 자본주의 문명을 통한 민주주의화의 명제에 반대하는 가장 주된 논거는 근대세계에서 투표제도가 성장하면서 공동체적인 제도들이 몰락했다는 점이다. 한쪽에서 얻은 것이 다른 한쪽에서 잃은 것보다 좀더 컸을 뿐이라는 것이다.

이리하여 우리는 소외에 대한 논의에 이르게 된다. 자본주의 문명에 대한 보수적 비판자들과 급진적 비판자들이 힘을 한데 모으는 것이 바로 이 문제에 대해서다. 앞서 언급했듯이, 소외는 공식교육의 미덕이라고 주장된 잠재력의 실현에 정반대되는 개념이다. 소외는 우리 자신, 우리의 '참된 본성', 곧 우리의 진정한 잠재력으로부터 우리 스스로가 멀어지는 과정을 말한다. 보수적이거나 급진적이거나를 가릴 것 없이, 자본주의 문명의 비판자들은 상품화, 특히 노동력의 상품화이지만 그렇다고 이것만은 아닌 그런 상품화가 인간성을 얼마나 심각하게 말살하는지에 초점을 맞추어왔다.

자본주의 문명의 옹호자들이 보기에, 소외는 근대세계의 실질적인 물질적 혜택들과 맞비교할 수 없는 불가사의한 영역이다. 그들은 소외라는 개념을 작업의 대상으로서 조작할 수 있는 유의미한 방식이 과연 있을 수 있는지에 대해서 의문을 제기한다. 그러나 비판자들이 보기에, 그것을 구체화하기란 그리 어려운 일이 아니다. 그들은 여러 형태의 근대세계의 심각한 정신적·사회심리적 질환들을 지적한다. 또다시 우리의 측정은 그 근거가 박약한 것이다. 우리는 우리 자신의 역사적 체제의 광기(狂氣)들에 대해 알고 있다. 다른 역사적 체제에 있었던 광기에 대해서도 우리는 어렴풋이나마 알고 있다. 그러나 이것들을 서로 비교할 만한 여건은 갖추어져 있지 않다. 그럼에도 불구하고 세 가지 점만은 확실히 주장할 수 있다. 첫째, 우리 체제의 광기가, 이런 표현이 마음에 들지 않는다면 여러 형태의 질환들이 광범위하게 존재한다는 점이다. 둘째, 이같은 정신질환과 현 역사적 체제의 특정한 사회구조 사이에는 어떤 분명한 연관이 존재한다는 사실이다. 셋째, 이같이 광범위한 정신질환은 사실 따지고 보면 오히려 시간이 지날수록 우리 체제 내에서 꾸준히 늘어가고 있는 듯하다는 것이다. 이 마지막 경우는, 예를 들어 무차별적인 도시 폭력 등의 현실에 대해 좀더 면밀한 사회적 감시가 이루어진 결과로 그냥 보아넘길 수도 있을 것이다. 그러나 약물중독의 경우처럼 그것의 증가를 알 수 있는 일부 현상들은 확실한 측정이 가능한 대상으로 보인다.

자연의 문제 또한 그냥 지나칠 수 없는 문제다. 물질세계의 자연적 아름다움들은 인간에게 즐거움을 선사하는 중요한 일면이다.

상품화는 필연적으로 이러한 자연적 아름다움들의 전면적인 파괴를 초래해왔다. 물론 다른 종류의 아름다움들이 건설되어왔다. 그리고 어쩌면 이것들이 더 나을 수도 있다. 그러나 자연을 대신하는 이 아름다움들은 그 자체가 상품화되고, 또 그럼으로써 그 관람자들은 나무들을 보고 즐겼던 것처럼 그렇게 민주적으로 이것들을 즐길 수는 없는 것이다. 인공적인 아름다움들은 일차적으로 소수에게 돌아가기 마련인 것이다.

4) 누구에게 득이 되었는가? 그리고
   왜 논쟁이 있는가?

우리는 이제 득실표를 작성할 수 있다. 물론, 이 득실표는 적어도 질적인 것이라고 할 수 있다. 지금까지 여러 논쟁들을 검토한 바에 따르면, 형세가 그리 일방적이지 않다는 것은 분명하다. 그러나 찬반론들을 개괄할 수 있는 어떤 기본적인 실마리는 없는 것일까? 나는 있다고 생각한다. 나는 기왕에 알려진 모든 역사적 체제가 특권의 계서제를 구현한 체제였다는 가정에서 출발한다. 황금시대란 결코 존재한 적이 없었다. 따라서 문제는 선하고 악한 역사적 체제들 사이의 선택이 아니라, 좀더 낫고 좀더 못한 체제들 사이의 선택의 문제인 것이다. 자본주의 문명은 이전의 역사적 체제들에 비해 더 나았는가 아니면 더 나빴는가? (앞으로의 체제들이 더 나을 수 있을지 없을지, 또는 아마도 더 나아질지 아닐지 하는 문제는 일단 접어두기로 하자.)

내가 보기에 이 문제에 들어맞는 유일한 대답은 과연 '누구에게

득이 되었는가?'(*cui bono*) 하는 것이다. 전체 가운데의 비율로 보아 특권계층의 규모가 역사적 자본주의하에서 상당히 커졌음은 분명하다. 게다가 이 계층의 사람들의 경우, 그들이 아는 세계는 이전에 그들과 같은 처지에 있던 사람들이 알았던 세계보다도 더 나은 것이다. 그들은 물질적으로 확실히 더 잘살게 되었으며, 건 강이나 삶의 여러 기회들이나 소수 지배집단에 의한 자의적 억압으로부터의 해방이라는 측면에서도 더 나아졌다. 이들이 정신적으로 더 나아졌는가 하는 데에는 다분히 의문의 여지가 있겠으나, 아마도 더 나빠지지는 않았을 것이다.

그러나 스펙트럼의 다른 한쪽 끝에 위치한 사람들, 다시 말해 특권의 수혜자말고 세계인구의 50~85%에 해당하는 이들의 경우, 그들이 아는 세계는 이전에 그들과 같은 처지에 있던 사람들이 알 았던 세계보다도 확실히 더 나빠졌다. 기술의 변화에도 불구하고 그들은 물질적으로 더 빈곤해졌다고 해야 할 것이다. 형식적인 관점이 아니라 실질적인 관점에서 볼 때, 그들은 여러 중앙기구들이 더욱 확산되고 또 효율적으로 된 이래, 자의적인 억압을 좀더 적게 받기는커녕 좀더 많이 받게 되었다. 게다가 그들은 '내전'의 파괴성 못지않게 갖가지 정신질환의 공격까지 받아야 했다.

자본주의 문명의 세계는 양극화된 그리고 양극화해나가는 세계 다. 그런데도 그것이 어떻게 그렇게 오랫동안 살아남을 수 있었을 까? 바로 이 문제를 둘러싸고 득실표에 대한 공개토론이 시작된 것이다. 이제까지 이 체제를 유지시켜주었던 것은 개혁이 증가되고 결국엔 격차가 메워지리라는 희망이었다. 논쟁 자체가 이런 희망을 이중으로 부추겨놓았다. 미덕들에 대한 주장은 많은 사람들로 하여금 체제의 장기적인 이득을 믿도록 했다. 그리고 악덕에 대한 토론은 많은 사람들로 하여금 그들 자신이 이를 통해서 정치

적 변혁을 꾀하기 위해 효과적으로 조직화할 수 있다고 생각하게
끔 만들어왔다. 자본주의 문명은 비단 성공적인 문명이었던 것만
이 아니다. 무엇보다도 그것은 사람들을 현혹하는 문명이었다. 그
것은 심지어 희생자들과 반대자들까지도 매혹시켜온 것이다.

  그러나 나와 마찬가지로 여러분들 역시 모든 역사적 체제들이
예외없이 제한된 수명을 누리며 끝내는 뒤를 이을 다른 체제에 길
을 터주어야만 한다는 사실을 믿는다면, 우리의 세계체제 또한 영
속적일 수는 없을 것이라고 일단 생각해야 한다. 우리가 이제 눈
을 돌려 보아야 할 것은 바로 이러한 주제에 관련된 문제, 즉 자
본주의 문명의 앞으로의 전망인 것이다.

2. 앞으로의 전망

　자본주의 문명은 그 존재의 가을에 다다랐다. 알다시피 가을이 란 아름다운, 적어도 자본주의 문명이 태어난 지역들에서는 아름 다운 계절이다. 처음으로 꽃이 피는 봄을 지나, 풍요로움으로 가 득찬 여름을 보내고, 가을에 우리는 수확을 거둔다. 그러나 가을 은 나뭇잎이 지는 계절이기도 하다. 우리는 가을에 즐길 것이 많 음을 알고 있지만, 그에 못지않게 겨울의 추위와 계절순환의 끝, 다시 말해서 한 역사적 체제의 막바지에도 대비해야 한다는 것 역 시 잘 알고 있다.

　만약 한 체제가 어떤 식으로 그 종말에 이르게 되는가를 이해하 고자 한다면, 우리는 그 체제의 모순들에 대해 살펴보지 않으면 안된다. 왜냐하면 모든 역사적 체제들(말 그대로 모든 체제들)은 그 내부에 여러 모순들을 지니고 있으며, 이로 말미암아 그것들은 모두 한정된 수명을 누리기 때문이다. 지금부터 내가 논하고자 하 는 세 가지 모순은, 그 힘이 증가하면서 역사적 자본주의의 미래의 전망을 결정짓게 될 그런 모순들이다. 이는 축적의 딜레마, 정치적 정당화의 딜레마 그리고 지구문화적 과제들(geocultural agenda)의 딜레마다. 각각의 딜레마는 체제가 시작하던 때부터 줄곧 있어왔다. 각각의 딜레마는 이제 그 모순을 더이상 억누를 수 없게 되어버린 분기점, 다시 말해 체제의 정상적인 기능을 유지하기 위한 필수적 조정들에 들어가는 비용이 지나치게 커져서 체제를 일시적 평형상태로나마 되돌릴 수 없는 그런 지점의 문턱에 다가서고 있다.

1) 축적의 딜레마

자본의 끝없는 축적은 자본주의 문명의 존재이유(*raison d'être*)이자 중심적인 활동이다. 우리는 이미 득실표를 검토하면서, 자본축적의 성공적인 수행이 자본주의 문명의 자랑거리요, 또 그것을 정당화해주는 것들 가운데 하나임을 살펴보았다. 그런데 그것의 모순, 그것의 딜레마라는 것은 또 무엇인가?

여기서 기본적인 압박으로 작용하는 것은 이윤을 극대화하고 그리하여 축적을 극대화하기 위해서는 생산의 상대적인 독점이 필요하다는 점이다. 독점의 정도가 커질수록, 총생산비용과 실제 판매가격 사이의 간격이 벌어질 가능성도 높아진다. 그러므로 모든 자본가들은 독점화를 추구한다. 그러나 높은 이윤이란 매력적인 것이므로, 다른 자본가들 역시 높은 이윤이 발생하는 시장에 참여하려고 애쓰기 마련이다. 이리하여 독점은 경쟁을 부르고, 이 경쟁은 독점과 높은 이윤을 동시에 잠식한다. 그러나 높은 이윤의 원천이 바닥을 드러낼 때마다, 자본가들은 (개인적으로 또 집단적으로도) 높은 이윤을 얻을 새로운 원천들, 다시 말해 생산부문들을 독점화할 새로운 방법을 찾는다. 독점에 대한 욕구와 그것의 자기 파괴적인 성격 사이의 이같은 긴장을 통해서 자본주의 경제활동의 순환적인 성격을 설명할 수 있으며, 또 자본주의 세계경제 내의 양축을 이루는 핵심부의 (고도로 독점화된) 생산품들과 주변부의 (고도로 경쟁적인) 생산품들 사이의 기본적인 분업을 설명할 수 있다.

경제적 독점은 시장 속에서는 결코 성취되지 않는다. 시장은 본디부터 반(反)독점적이다. 다른 생산자들에 대한 어느 한 생산자의 우위는 언제나 일시적이기 마련이다. 왜냐하면 그에게 우위를 가져다 준 요소들을 다른 생산자들이 언제나 모방할 수 있고, 또 모방하려고 들 것이기 때문이다. 저마다 축적의 장소에 머물러 있기 위한 투쟁에서 살아남으려는 모든 생산자들의 욕구 때문에, 이는 어쩔 수 없는 일인 것이다. 그러나 대규모의 축적이 시장 메커니즘을 통해서 장기적으로 이루어질 수는 결코 없기 때문에, 모든 생산자들은 성공을 보장해주는 시장 너머로 눈을 돌리지 않으면 안된다. 이를 위해 그들은 두 가지 제도에 의존한다. 그 하나가 곧 국가인데, 이는 하나의 제도로서 아주 구체적인 형태를 띠고 있다. 또 하나는 '관습'(custom)인데, 이는 일정한 형체는 전혀 없지만 그래도 하나의 제도로서 엄연히 존재하는 것이다.

국가는 이들 생산자를 위해 어떤 일들을 할 수 있을까? 근본적으로 그것은 두 가지다. 국가는 판매의 독점화를 가져올 여러 조건들을 조성해준다. 또한 국가는 생산요소들에 대한 구매수요의 독점(monopsonization)을 가져올 조건들을 조성해준다. 이런 일들을 수행하는 가장 간단한 방법은 공식적인 입법에 의한 것이다. 하지만 공식적인 입법화에는 두 가지 제약이 뒤따른다. 그 하나는, 진정한 시장이 세계경제 전체 내에 존재하는 것임에 반해서 법률이란 입법이 이루어지는 한 국가의 경계 내에만 적용된다는 점이다. 또 하나는, 그런 입법에서 소외된 기업가들로부터 그리고 그것에 의해 경제적 지위에 타격을 입게 되는 온갖 비생산자집단들로부터 국가가 여러 정치적 반대 압력을 받게 된다는 점이다. 이러한 이유들로 해서, 전적으로 입법에 의존하는 방식만이 추구된 적은 좀처럼 없었다. 소위 (이제는 대부분 '이전의') 사회주의 국가들의 경우에서처럼 실제로 이런 방식이 취해졌을 때, 그것은 장기적인 자본축적의 메커니즘으로서 보았을 땐 비효율성을 드러내고 말았다. 이보다 좀더 널리 이용된 방식은 선택적이고, 종종 간접적인 국가의 시장개입이다. 무엇보다도 국가는 다른 국가들에 대항하는 한 국가로서, 특히 약한 국가들에 대해서 강한 국가로서 개입한다. 이러한 과정에서 국가는 선택적인 시장개방을 강요하며, 가장 중요하게는 약소국가들이 자국 시장에 대한 접근을 거부하지 못하도록 함과 동시에 약소국가들 내의 경쟁자들이 효율적인 방식들을 모방하기 힘들게 한다. 둘째로, 국가는 어떤 혹은 모든 경쟁에 대해 일단의 생산자들에게 특혜를 줄 목적으로 입안된 예산, 금융, 재분배에 관한 결정들을 통해서 개입하게 된다. 셋째로, 국가는 생산요소들(특히 노동력)의 판매자들이 특정 생산자집단의 구매독점적인(monopsonistic) 지위에 맞서 싸우지 못하도록 함으로써 시장에 개입한다.

국가의 특정한 행위는 항상 바뀌기 마련인데, 이는 세계시장의 조건이 끊임없이 변화하고, 국가간체제의 세력균형이 끊임없이 변화하기 때문에, 그리고 국가 내부의 정치적 상황도 끊임없이 변화하기 때문이다. 따라서 국가의 행위가 그때그때의 상황에서 득이 될 것인가 아니면 해가 될 것인가 하는 가능성에 따라서, 자국에 대한 생산자집단들의 태도 역시 항상 변화하게 마련이다. 그러나 언제나 변함없는 것은 강력한 생산자들 중 일부는 국가를 통해 자신들의 시장에서의 지위를 높이려고 하며, 국가는 이러한 요구에 대해 대체로 긍정적인 반응을 보여왔다는 사실이다. 이것이 자본주의 경제의 불변요인이 아니었다면, 자본주의 문명은 결코 번성하지 못했을 것이다.

그러나 생산자들이 오로지 국가에만 의존해왔던 것은 아니다. 그들은 '관습'에도 의존해왔다. 앞서 지적했듯이, 관습이란 고정된 형태가 있는 것은 아니지만, 그렇다고 해서 대수롭지 않은 것은 아니다. 관습이란 기호(嗜好)의 창출을 통해서 시장을 창출하기도 한다. 광고와 마케팅은 분명히 관습의 영역에 속하는 것이지만, 그것의 작은 부분들일 뿐이다. 훨씬 더 큰 부분은, 500여 년에 걸친 근대사를 통해 만들어지고 다듬어진 모든 사회화 기구들이 조장하고 재생해낸 결과로 가치체계 전체가 형성되었다는 점이다. '소비자사회'의 존재를 들먹일 때마다 우리가 지적하게 되는 것은 바로 이러한 광범위한 틀인 것이다. (다른 종류가 아닌) 어떤 특정한 종류의 물적 대상물들을 획득하려는 욕구는 자본주의 문명의 사회적인 창조물이다. 일련의 또 다른 제도들이 이같은 욕구에 폭넓은 기반을 마련해준다. 이런 기반 위에서 특정한 생산자집단은 대규모 구매자집단들에게 특정한 종류의 생산품을 구매하도록 설득하고자 여러가지 주장들을 펼칠 수 있다. 의심할 나위 없이, 이는 상대적인 독점을 확립할 수 있는 능력에서 관건이 되는 요소다.

관습은 또한 아주 다르고 훨씬 더 미묘한 방식으로도 작용한다.

이제껏 여러 폭넓은 언어적·문화적 통로들이 확립되어왔는데, 이런 통로들은 일정한 경제집단들이 시장의 합리성에 따라서만 움직이는 집단들보다 오히려 그렇지 않은 다른 집단들을 좀더 잘 다룰 수 있도록 해주는 것이다. 자본주의 세계경제 내에서 실제로 이루어지는 경제적 거래들은 우리가 생각하는 것보다 훨씬 더 공동체와 가족, 친밀함과 신뢰의 유대관계들에 의존해왔다. 그리고 이는 어느 시점까지는 거래의 비용을 감소시키고 따라서 시장의 관점에서 볼 때 합리적인 것이지만, 그런 시점은 쉽사리 그리고 으레 넘어서게 마련이며, 그리하여 시장조건들에 의해 결정되지 않는 생산의 '관습적인' 독점화를 향해 나아가는 것이다.

앞서 이야기했듯이 경쟁은 언제나 독점을 침해하기 마련이다. 그러나 그러기 위해서 경쟁자들은 또한 단순히 시장에만 의존할 수는 없는데, 이는 국가와 관습에 의해서 경쟁에 반대되는 쪽으로 시장이 조작되어왔기 때문이다. 대개 잠재적인 경쟁자들은 우선 국가를 변화시키고 또 관습을 변화시키기 위해 어떤 행동을 취해야 한다. 그들은 어느 국가집단들을 이용하여 다른 국가집단들에 대항하거나, 또는 국내의 정치적 연합체들을 결성하여 국가정책을 변화시키거나, 아니면 사회적인 영역에서 활동하여 관습적인 그리고 예상되는 행동들의 사회적 정의를 바꾸어놓음으로써, 즉 한편으론 직접적인 기호들을 변화시킴으로써, 또 한편으론 좀더 기본적인 가치관의 전제들을 공격함으로써 이러한 목적을 이뤄왔다.

이처럼 축적의 정치학은 끊임없는 투쟁이었으며, 이는 결국 세계경제의 전면적인 확산을 보장해온 독점의 약화로 귀결되는 것이었다. 이처럼 비록 그 속도가 아무리 더디다 할지라도 규칙적인 독점의 약화, 즉 잇따라 그 정도가 심해지는 경쟁은 이른바 콘드라티에프의 B국면이라고 하는 이윤착취와 장기적 침체로 이어져왔다. 이같은 침체현상이 나타날 때마다, 체제는 평형을 잃는다. 체제의 팽창을 회복시키고 그럼으로써 자본의 끝없는 축적을 보장할 능력을 되찾기 위해서는, 무언가 조정이 행해지지 않으면 안된다.

표준적인 세 가지 부류의 조정이 있을 수 있는데, 이것들 모두는 이윤의 전반적인 수준을 끌어올리고, 그에 따라 세계경제의 새로운 팽창을 위한 바탕을 마련하는 데 기여할 것이다. 이러한 조정에는 우선 경쟁상품들의 생산비용을 낮추려는 노력이 있을 수 있다. 혹은 경쟁적인 상품들에 대해 새로운 구매자를 찾으려는 노력이 있을 수 있다. 또한 멀지않아 상대적으로 독점화되겠지만 상당한 시장을 가지고 있는 새로운 생산품들을 개발할 수도 있다. 전세계적인 이윤착취가 발생했을 때마다, 이 세 가지 조정 모두가 행해져왔다.

생산비용을 낮추는 한 가지 방법은 투입비용을 줄이는 것이다. 그러나 이 방법이 한 생산자의 이윤은 늘려줄지 몰라도, 다른 생산자의 이윤은 그만큼 줄일 것이다. 따라서 전체적으로 보면, 거의 아무런 변화도 없는 셈이다. 생산비용을 낮추는 좀더 효율적인 방법은 —— 기계화를 촉진함으로써, 실질임금을 낮추는 쪽으로 법과 관습을 바꿈으로써, 혹은 노동비용이 더 낮은 지역들로 생산의 지리적 이동을 꾀함으로써 —— 노동비용을 줄이는 것이다. 이러한 전술들은 효과가 있으며, 또 실제로 노동비용을 줄여준다.

그러나 이러한 전술들은 이윤율은 아니더라도 이윤을 증가시키는 또 다른 방식, 즉 유효수요의 증대라는 방식과는 모순을 빚는다. 유효수요의 증대를 위해서는, 노동력 투입에 대한 전체적인 절대보수 수준이 올라가야지 내려가서는 안되는 것이다. 이 두 가지 요구가 어떻게 서로 조화될 수 있을까? 역사적으로 오직 한

가지 방법, 즉 지리적인 차별화 외에는 달리 방법이 없었다. 세계체제의 여러 지역 중 좀더 혜택받는 지역들에서 유효수요를 늘리기 위한 어떤 정치적 조치들(임금수준의 인상 그리고 사회적 임금 또는 국가통제에 의한 재분배의 증가)이 취해질 때마다, 세계체제의 다른 지역들에서는 낮은 임금수준으로 생산자의 수를 늘리기 위한 여러 조치들이 취해졌다. 후자는 주로 두 가지 형태를 띠어왔는데, 하나는 토지에 기반을 둔 농촌노동자들을 좀더 도시적인, 그리고 비(非)평생 임금노동자(part lifetime wage-workers)로 전환시키는 것이며, 또 다른 하나는 세계경제의 경계를 확장시켜 이전까지 농업생산자, 즉 그 대부분이 흔히 자급자족적인 생산자였던 사람들을 세계노동력 안으로 편입시키는 것이다.

이윤수준을 회복시키는 세번째이자 가장 널리 알려진 방법은 말할 나위 없이 기술적 변화, 다시 말해 독점화되고 이윤이 높은 거래의 장소로 구실을 할 수 있는 소위 새로운 주도 생산품들(leading products)을 개발해내는 것이다. 이것 역시 독점화를 보장해줄 수 있으려면 상당한 정도로 국가가 개입해야 하며 '관습'의 재편이 필요하다. 이런 것이 충족되지 않는다면, 창의적인 기업가들의 노력이라는 것도 별로 빛을 볼 수가 없을 것이다.

되풀이되는 독점화가 경쟁의 증가로 말미암아 이윤착취로 이어지고, 떨어진 이윤수준(그리고 그에 따라 균형)이 이에 대한 대응에 의해 다시 회복되는 이러한 축적의 딜레마의 모델 속에서, 효율적인 조정이 무한히 계속될 가능성을 제약하는 요인들은 과연 어디에 있는 것일까? 아마도 이러한 제약요인들이 부단한 기술적 창의성의 활동영역 속에 놓여 있지는 않을 것이다. 비록 이같은 새로운 생산품들이 생물환경권의 생태학적 균형을 파괴하고 있는지도 모르지만 말이다. 아마도 그런 요인들은 유효수요를 늘리려는 활동영역 속에 있기 십상이다. 왜냐하면 이 활동영역은 결국 다른 여러 방식들로 수익성을 잠식하는 그런 정치적 행위를 수반하는 것이기 때문이다. 이같은 문제는 다음 절에서 논의하게 될 딜레마다.

세 가지 조정 메커니즘 가운데 결국 가장 큰 제약요인이 발견되는 것은 첫번째 메커니즘, 즉 낮은 수준의 임금노동력 부문을 확대하는 메커니즘 안에서다. 왜냐하면 이 조정과정 속에는 두 가지 근본적인 한계가 존재하기 때문이다. 그중 하나는 세계경제로 편입시킬 새로운 지역들의 한계인데, 우리는 이미 이 한계에 도달해버린 듯하다. 또 다른 하나는 도시의 비평생 임금노동자로 끌어들일 만한 토지에 기반을 둔 농촌 예비노동력의 고갈인데, 이런 한계 역시 우리가 가까운 장래에 도달하게 될 것이다. (세계인구 가운데 아주 급속히 증가하는 부문인) 도시빈민이라는 노동예비군이 토지에 기반을 둔 농촌 노동예비군을 대체할 수 있지 않을까? 이는 어쩌면 가능한 일일지도 모르겠다. 하지만 도시빈민들은 토지에 기반을 둔 농촌노동자들보다 국가를 정당화하는 데 훨씬 더 위협적인 존재가 될 것이다.

축적의 딜레마가, 어쩌면 자본주의 문명의 더욱 치명적인 아킬레스건(腱)이라고 할, 정치기구의 정당화에서의 딜레마로 곧바로 이어진다는 사실은 분명한 것이다.

2) 정치적 정당화의 딜레마

　자본주의 문명을 정당화하는 데에서의 딜레마는 단순명료하다. 모든 역사적 체제들은 그 체제의 중간간부층에게 보상을 함으로써 생존한다. 기왕에 알려진 모든 역사적 체제들은 또한 사회적으로든 물질적으로든 제대로 보상받지 못하는 많은 인구를 통제해야만 했다. 이러한 통제의 방법은 보통 무력과 신앙——즉 계서제의 필연성에 대한 믿음과 결합된 통치자의 신성함에 대한 신앙——을 결합시키는 것이었다.

　수세기 동안(대략 15세기 후반부터 18세기 말 사이), 자본주의 문명은 이 오래된 정당화 방식을 이용할 수 있다고 생각했다. 이 시기는 국가간체제가 건설된 시기인 동시에, 주로 절대주의 왕정을 통해 중심적 국가들이 건설된 시기였다. 그것은 승자들을 만들어내고, 국가간체제 내에서 국가들의 계서제를 확립한 시기였던 것이다. 그 체제의 중간간부층은 승리한 국가구조들과 밀접한 관련을 맺음으로써 그에 대한 보상을 받았다. 앞서 우리는 이미, 강한 국가구조의 지원을 받는 일이 기업가들에게 얼마나 중요한 일인가에 대해서 살펴본 바 있다. 이러한 국가들은 중간간부층으로부터 실제로 지지를 받았다.

　그러나 지난 150년 이상 되풀이되어온 분석들에서 알 수 있듯이, 자본주의 문명은 많은 인구가 체제에 비교적 순순히 따를 수 있도록 해준 그런 신념 체계들의 토대를 좀먹어 들어가고 있었다. (기술적 혁신에 필요한) 과학주의와 (축적과정의 효율성을 위해 필요한) 국가구조의 관료화, 그리고 (자본주의적 생산활동이 요구하는 노동력의 증대에 필요한) 대규모 인구의 체계적 동원이 결합되어 점차 문화의 대대적인 혁신이 필요하게 되었다. 이 혁신의 촉매로 작용한 것이 곧 프랑스혁명이었다. 바로 이 프랑스혁명의 영향으로, 역사적 자본주의의 정치체제는 인민주권이라는 개념을 자신의 새로운 도덕적 정당화에 이용하게 되었던 것이다.

이때 체제가 당면한 딜레마는 정통성의 이론적 원천인 인구 대다수의 충성을 어떻게든 확보하면서 동시에 어떻게 중간간부층에게 보상을 계속해줄 수 있을 것인가 하는 문제였다. 이러한 딜레마는 19세기 당시, 서유럽과 북아메리카에 주로 위치한 자본주의 세계경제의 핵심국가들의 정치구조 속으로 중간간부층만이 아니라 노동계급까지 어떻게 편입시킬 수 있을 것인가 하는 문제로 제기되었다. 당시의 절대적인 잉여가치 수준을 감안할 때, 노동계급에 대한 보수가 너무 높아진다면 중간간부층에 대한 보수가 심각하게 타격을 입게 되리라는 점에서, 그것은 하나의 딜레마였던 것이다. 이것이 이른바 계급투쟁이었는데, 사실상 이 투쟁은 역사적으로 볼 때 그동안 성공적으로 억제되어왔던 것이다.

보수가 끊임없이 증가하리라는 중간간부층에 대한 약속과, 국가에 대한 자신들의 충성에 합당한 대가를 받고자 하는 노동계급의 요구를 조화시키는 방법은 후자에게 파이의 한 조각을 조금 떼어주는 것이었다. 떼어준 조각이 자본축적을 위협할 정도는 아니었지만——실은 이 조각이 경우에 따라서는 세계 유효수요의 확대를 통해 자본축적을 증대시켰을지도 모른다——여기에는 자본축적의 확대와 더불어 이 작은 조각도 차츰차츰 커지리라는 기대가 함께 섞여 있었다.

이러한 해결책은 단기적으로는 문제를 해결해주었지만 장기적으로는 오히려 문제를 악화시키는 조정방식이었다. 왜냐하면 그것은 노동계급의 몫을 늘림으로써 그들이 자신들의 기대를 실현시키고 자 하는 끊임없는 압력을 낳았기 때문이다. 그럼에도 불구하고 19 세기 동안 이 조정 메커니즘은 꽤 제대로 작동했다. 이 기간 내 내, 핵심국가들의 노동계급에게 주어진 보수는 두 가지 경로를 통 해서 늘어났다. 첫째는 선거에 대한 정치적 참여라는 통로, 즉 더 디기는 하지만 꾸준했던 참정권의 확대였고, 둘째는 국가가 강제 하는 재분배의 통로, 다시 말해 역시 더디기는 하지만 꾸준했던 사회입법과 사회임금 또는 복지국가의 확산이었다. 이와 더불어 사회적으로 보장된 어떤 기대가 나란히 따라다녔는데, 이런 기대 는 자유주의라는 지배이데올로기 속에서뿐만 아니라 사회주의라고 하는 이른바 대안적인 이데올로기 속에서도 구체적으로 나타났다.

그리하여 1914년에 이르기까지 그 결과들이 현실로 나타났던바, 핵심국가들의 노동계급이 애국적이고 동시에 개혁주의적인 성격을 지니면서 그들 자신의 국가에 제각기 통합되었던 것이다. 또한 이 해결방식은 사실상 중간간부층이 그들의 수입을 크게 증가시키는 것을 방해하지는 않았는데, 이는 전세계적인 축적이 대규모로 확 대되면서 그리고 오늘날 이른바 남(南)이라고 하는 것에 대한 착 취가 상당히 증가하면서 그러한 해결책이 추진되었기 때문이었다.

제1차 세계대전은 남에 대한 핵심국가들의 정치적 지배력을 약 화시켰다. 이제 이 지역 사람들의 정치적 통합은 세계체제가 안정 적으로 기능하는 데 결정적인 요소가 되었다. 19세기에 핵심국가 들을 줄곧 따라다녔던 정치적 정당화의 딜레마가 20세기에는 전세 계의 문제로 그대로 재등장했다. 여전히 문제는 어떻게 하면 중간 간부층에 대한 보수를 계속 늘려가면서 (이제는 전세계의) 대중들 에게 파이의 작은 한 조각과 개혁주의적인 희망을 줄 수 있는가

하는 것이었다. 이에 대한 해결책이 소위 윌슨주의(Wilsonianism)
라고 하는 것이었는데, 그것은 이전에 핵심국가들 내에서 이루어
졌던 일을 세계적인 차원에서 그대로 따라할 것을 제안한 것이었
다. 윌슨주의는 민족자결 속에서 참정권 비슷한 것을 (즉 한 국가
내의 모든 시민들이 갖는 정치적 동등권과 마찬가지로, 국가간체
제 내의 모든 국가들이 갖는 정치적 동등권을) 제안하였다. 그리
고 이와 더불어 윌슨주의는 개발원조에 의해 저개발국들의 경제적
발전을 지원한다는 착상에서 (또는 세계적 차원의 복지국가라는
개념 속에서) 사회입법이나 복지국가에 해당하는 것을 제안했던
것이다.

1945~65년 사이에 제3세계 전역에서 정치적 탈식민화와 더불어
민족해방운동 세력들의 집권이 정점에 달하면서, 이 조정도 처음
에는 제대로 작동하는 듯했다. 그러나 19세기의 조정들과 달리 20
세기의 조정들은 더이상 자본주의 세계경제의 지리적 확대가 뒷받
침되지 않았으며, 또 그럴 수도 없었다. 따라서 1970년 무렵에 이
르러서는, 체제의 중간간부층에게 주어지는 잉여의 몫에 부정적인
영향을 심각하게 주지 않으면서 세계적인 재분배에 돌릴 수 있는
몫이 한계에 이르렀다. 이때부터 윌슨주의는 뒷걸음질치기 시작했
다. 지극히 정상적인 세계경제의 하락, 즉 그 이후로 죽 우리가
빠져든 세계경제의 정체는 축적의 딜레마라는 측면에서 앞서 언급
한 모든 일상적인 조정과정들을 거쳐왔다. 그러나 민족국가들의
정당화를 유지하는 데 필수적인 여러 조정들을 해나갈 세계체제의
능력에는 심각한 장애의 조짐들이 드러났던 것이다.

그리하여 우리는 1970년대와 80년대를 지나오면서, 남(南)에서
는 이전의 민족해방운동의, 구 사회주의권에서는 공산당들의, 심
지어 핵심국가들에서조차 케인즈주의(Keynesianism)／사회민주주의

의 정치적 붕괴가 꾸준히 확대되어가는 과정을 보아왔다. 이같은 붕괴들은 원래 한 세기에 걸친 투쟁 끝에 실제로 정치적 권력을 장악하게 된 이들 운동에 대하여 대중이 지지를 철회한 데서 비롯된 결과였다. 그러나 이같은 대중적 지지의 철회는 개혁주의적인 희망의 포기를 또한 의미하는 것이었다. 그럼으로써 그것은 국가들의 체제를 결속해주던 힘들 가운데 하나를 제거해버렸으며, 또한 국가들의 대중적 정당성마저 제거해버렸다. 그런데 이들 국가가 더이상 정당화되지 않는다면, 그런 국가들은 더이상 정치적 투쟁들을 억제할 수 없을 것이다. 자본주의 세계체제의 시각에서 볼 때, 이같은 좌파 전략의 붕괴는 하나의 재앙이었다. 왜냐하면 고전적인 좌파 전략이란 혁명적이기는커녕 오히려 자본주의 문명을 공고히해주는 접착제로서 구실해왔기 때문인 것이다.

3) 지구문화적 과제들의 딜레마

　자본주의 문명은 또한 이제껏 한번도 주된 관심사가 되어본 적이 없는 지구문화적 주제, 이른바 역사의 주체로서의 개인의 중심적 성격이라는 주제에 입각하여 형성되어왔다. 개인주의는 양날을 가진 칼이기에 딜레마를 안겨준다. 한편으로 자본주의 문명은 개인의 창의성을 강조함으로써, 체제를 번성시키고 유지하는 데 각 개인들의 이기심을 이용해왔다. 프로메테우스의 신화는 기업가들뿐만 아니라 노동계급까지를 포함하여, 저마다 효율성을 극대화하고 상상력을 마음껏 펼치려는 각 개인들의 노력을 격려하고, 보상해주고, 또 정당화해왔다. 사실 프로메테우스의 신화는 이보다 훨씬 더 많은 구실을 해왔지만, 그에 대한 평가는 제대로 이루어지고 있지 않다. 개인들의 공식적인 정치적 조직화라는 개념을 생각해낸 것도 모두 이 신화에서 비롯된 일인데, 여기에는 역설적이게도 반체제운동들 자체의 형성과 광범위한 확산도 포함되어 있다. 그리하여 반(反)개인주의적인 사회의식조차도 개인적 역량의 총합에, 그리고 그러한 사회행동에 대한 개인적 신념에 바탕을 둔 것이었다. 앞에서 살펴보았듯이, 그 결과는 사회적으로 조성된 희망이었고, 이 희망은 다시 세계체제의 주요한 방부제 구실을 해왔던 것이다.

그러나 개인주의는 또 다른 얼굴을 하고 있는데, 이것이야말로 지구문화적 과제들의 딜레마가 존재하는 이유이기도 한 것이다. 무슨 말인가 하면, 개인주의는 만인에 대한 만인의 경쟁을 아주 악랄한 방식으로 부추기는데, 이는 개인주의가 단지 소수 엘리뜨에 대해서뿐만 아니라 인류 전체에 대해서 이런 경쟁을 정당화해주기 때문이다. 게다가 이 경쟁은 논리적으로 어떠한 한계도 없는 것이다. 실제로 근대의 수많은 철학적·사회과학적 담론들은 철저한 이기주의가 이처럼 사회적으로 그대로 방치될 경우에 따르는 집단적이고 개인적인 위험들에 초점을 맞추어왔다.

개인을 역사의 주체로 세우는 데 따르는 긍정적인 결과와 부정적인 결과를 어떻게 조화시킬 수 있을 것인가 하는 문제는 자본주의 문명이 애초부터 안고 있었던 문제였다. 물론 보수주의 논객들은 사회주의 이론가들이 그랬던 것과 마찬가지로 임박한 재앙에 대하여 늘 경고해왔지만, 실천적으로는 보수주의 논객이든 사회주의 논객이든 (뿐만 아니라 그들이 부추긴 운동들까지) 아주 오랫동안 이 지구문화적인 과제에 직접 맞서 싸우려 들지 않았다. 거꾸로 그들은 이 지구문화적인 과제에 스스로를 맞춰갔으며, 그것을 그들 자신의 목표에 가까운 쪽으로 돌려보려고 노력해왔다.

그렇다면 과연 어떤 메커니즘으로 해서 이 모순이 이제껏 억제되어온 것일까? 그것은 두 가지 서로 상반되는 주제를 동시에 강조하고, 동시에 추구하며, 또 이 둘 사이를 지그재그식으로 오락가락함으로써 억제되어왔다. 그 두 가지 강조점 또는 실천이란 한편으로는 보편주의였고, 다른 한편으로는 인종차별주의-성차별주의였다. 이 둘 모두는 자본주의 문명의 핵심적인 산물들이다. 언뜻 보기에 이 둘은 서로 모순되는 것 같지만, 실상은 서로 보완적이다. 바로 이 둘 사이의 기묘하고도 불안정한 결합 속에서, 자본주의 문명은 역사의 주체로서의 개인이라고 하는 지구문화적인 과제의 딜레마를 억제해왔던 것이다.

보편주의의 실제는 어떠한가? 이론적으로 보편주의는 인류의 도덕적인 동질성이라는 개념을 담고 있다. 이는 모든 사람이 태어나면서 동등한 인권을 부여받는다는 주장에 그치는 것이 아니라, 우리가 확인하고 분석할 수 있는 인간 행위의 보편적인 특성들이 존재한다는 주장이기도 한 것이다. 따라서 보편주의는 특정 집단이 본디부터 다른 집단들보다 좀더 뛰어난 능력을 발휘한다는 주장에 대해서든, 아니면 인간적 특권을 둘러싸는 어떠한 외피에 대해서든, 이를 의심의 눈초리로 보는 경향이 있다.

인종차별주의와 성차별주의의 실제는 정확하게 그 반대다. 이는 모든 사람들이 나면서부터 동등한 인권을 부여받은 것이 아니라 생물학적으로 혹은 문화적으로 명확한 계서제 속에 배열되어 있다는 주장이다. 이러한 계서제는 그들의 여러 권리와 특권, 전체 노동과정 내의 위치를 규정한다. 이는 어떤 특정 집단이 본디부터 능력발휘 면에서 다른 집단들과 구별된다는 (그리고 우월하다는)

사실로써 설명되고 정당화된다.

지난 500여 년간 자본주의 문명에서 가장 두드러진 사실은, 이 두 주제에 대한 믿음이 철저해짐과 발맞추어 이 주제들이 사회적으로 실행되는 과정에서 힘을 발휘하는 정도가 나란히 커져왔다는 점이다. 마치 한쪽의 실천이 다른 한쪽의 실천을 부추기면서 점점 그 힘을 더해가는 듯했다. 만약 우리가 개인주의의 두 얼굴──다시 말해 개인적 역량, 창의력, 상상력의 자극제로서의 개인주의와 만인 대 만인의 무제한적인 투쟁으로서의 개인주의──에 눈을 돌린다면, 그 두 가지 실천(보편주의와 인종차별주의-성차별주의)이 어떻게 그 지구문화적인 과제들 속에 포함된 모순의 균형과 괴적 영향으로부터 비롯되고 또 어떻게 그 영향의 범위를 제한하는가 하는 것을 알 수 있을 것이다.

한편으로 보편주의는 이 모순이 진정한 것은 아니라는 결론에 이르게 되는데, 이는 그러한 무제한적인 투쟁이 실은 진취성에 대한 자극제이며, 따라서 그에 따른 어떠한 특권도 모든 사람이 동등한 기회를 부여받은 상황에서 어떤 개인이 뛰어난 능력을 발휘한 결과로서 정당화되기 때문이라는 것이다. 이같은 주장은 20세기에 능력주의라는 이름으로 성문화되어왔으며, 이 능력주의 속에서는 자본주의적 축적과정에서 정상에 오른 자들이 그럴 만한 자격을 갖춘 사람들로 여겨졌다.

다른 한편으로 인종차별주의-성차별주의는 밑바닥에 있는 자들이 왜 거기에 있는가를 설명하는 것이다. 즉 그들에게 가능성이 주어졌음에도 불구하고, 그들이 남들만큼 창의성을 보이지 못했기 때문에 그렇다는 것이다. 본래 그들은 (생물학적으로는 아니더라도 적어도 문화적으로) 수행능력이 뒤지기 때문에, 만인 대 만인의 무제한적인 투쟁에서 패배하였다는 것이다. 득실표에 대한 우리의 논의로 돌아간다면, 보편주의는 소수에게 적용되는 전보다 나아진 득실표에 대한 설명이자 정당화가 되었으며, 인종차별주의- 성차별주의는 다수에게 적용되는 전만 못해진 득실표에 대한 설명 이자 정당화가 되었다.

이들 두 가지 실천은 하나를 이용하여 다른 하나를 저지하는 일 이 늘 가능했으며, 이렇게 해서 서로서로를 견제해올 수 있었다. 이를테면 인종차별주의-성차별주의는 보편주의가 지나치게 평등주 의적 방향으로 나아가는 것을 막는 데 이용되고, 보편주의는 인종 차별주의-성차별주의가 일종의 카스트제도로까지 발전하여 자본주 의적 축적과정에 꼭 필요한 노동력 동원을 불가능하게 하는 일을 막는 데 이용되었던 것이다. 앞에서 지그재그식의 과정이라 한 것 은 바로 이를 두고 하는 말이다.

이러한 지그재그식 과정은, 국가에 대한 요구 수준은 점점 상승 하는 데 비해 이를 충족시키는 것이 본래 불가능하다는 점에서 난 관에 봉착하게 된다. 곧 심화된 축적의 딜레마는 심화된 정치적 정당화의 딜레마로 이어지는 것이다. 그 결과 인종차별주의 및 성 차별주의의 불평등하고 카스트적인 잠재성을 실현하려는 요구가 점점 더 커지는 것과 함께 보편주의의 평등주의적인 가능성을 실 현하려는 요구도 커져왔다.

그리하여 이 두 가지 실천이 서로를 견제하기는커녕 서로서로를 더욱더 멀리 떼어놓는 일이 벌어지기 시작한 것이다. 이같은 현상 은, 지구문화적 과제의 주된 전달매체들 가운데 하나인 현 교육제 도들의 문화적 내용을 둘러싸고 표면에 떠올랐던 논쟁들 속에서도 확인할 수 있다. 만일 학교가 보편주의적이라고 한다면, 그것은 특정한 어느 한 집단, 즉 세계 상류계층의 보편주의가 아닐까? 반면 학교가 '다문화적'(multicultural)이라고 한다면, 그것은 이론적으로 교육제도가 극복하고자 했던 문화적 불일치를 조장하고 있는 것은 아닐까? 만일 개인이 역사의 주체라고 한다면, 우리는 개인의 능력에 따른 출세를 받아들여야 하지 않을까? 반면 개인이 역사의 주체라고 한다면, 우리는 하층 출신의 개인들이 객관적으로 자기 일을 제대로 수행할 수 있도록 하기 위해 사회적으로 박탈당해온 기회들을 그들에게 되돌려주어야 하지 않을까? 이 논쟁은 점점 더 서로 말이 통하지 않는 대화가 되어가고 있지만, 그러면서도 양편 모두가 정치적으로 문화적으로 점점 더 많은 사람이 동원되고 있는 그런 논쟁이 되고 있는 것이다.

4) 역사적 체제의 위기

이제 앞의 세 절을 한데 뭉뚱그려보도록 하자. 자본주의 문명은 여러 모순들 속에서 갈고 다듬어져왔다. 이는 조금도 이상한 일이 아니다. 모든 역사적 체제는 모순을 지니고 있다. 역사적 자본주의의 경우에는 이제껏 내가 간략히 서술하고자 한 세 가지 주요한 모순들이 있다. 각각의 모순은 조정 메커니즘에 의해 역사적으로 억제되어왔다. 그러나 각각의 경우 이러한 조정 메커니즘들에는 긴장이 가해지게 되었다. 이러한 긴장들이 축적되고 있다는 것은, 근대 세계체제 자체가 체제의 위기에 가까워지고 있거나 아마도 이미 그런 위기 속에 빠져 들어가 있음을 의미한다고 할 수 있을 것이다.

체제의 위기란 그 체제가 어떤 분기점, 혹은 일련의 분기점들 가운데 첫번째 것에 다다른 상황이라고 풀이될 수 있을 것이다. 체제가 균형점들에서 지나치게 멀어지면, 여러 분기점들에 이르게 되는데, 이때 불균형상태에 대한 해결책은 하나가 아니라 여러가지가 있을 수 있다. 그 지점에서 체제는 여러 가능성들 사이의 선택이라고 할 수 있을 어떤 선택을 하게 된다. 이 선택은 그 체제의 역사 그리고 체제의 내적 논리에 대한 외부적인 여러 요소들의 직접적인 힘, 양자 모두에 달린 것이다. 이러한 외부적인 요소들은 체제의 입장에서는 '소음'(noise)이라고도 할 수 있는 것들이다. 체제가 정상적으로 기능할 때 이런 '소음'은 무시된다. 그러나 체제가 평형과 멀어진 상황에서 예측할 수 없는 형태로 마구 변형되는 '소음'은 불균형성의 격증으로 말미암아 확대효과를 낳게 된다. 그런 까닭에 현재 혼란스럽게 움직이고 있는 체제는, 내부적으로 예측 불가능하지만 그럼에도 불구하고 새로운 형태의 질서를 가져오는 그런 방식들을 통해 아주 근본적으로 스스로를 재구성하게 될 것이다. 이런 조건들 아래서는, 어떤 새로운 체제, 즉 장기적인 상대적 균형의 새로운 구조가 확립되어 또다시 우리가 결정론적인 안정상태에 들어가기까지, 오직 하나의 분기가 있는 것이 아니라 폭포처럼 줄기찬 분기들이 있을 수 있으며 또 으레 있기 마련이다. 새로이 등장하는 체제는 아마도 더 복잡할 것이나, 어느 경우든 구체제와는 다른 것이 될 것이다.

물리·화학적 내지 생물학적 체제로부터 사회적 체제들에 이르기까지 모든 체제에 해당하는 이 일반적 도식을 우리의 당면 관심사인 자본주의 문명의 장래의 전망에 적용시켜본다면, 다음과 같은 식으로 상황을 요약할 수 있을 것이다. 자본주의 세계경제는 이제까지 약 500년간 어떤 법칙들의 논리 내에서 작동해온, 상대적으로 안정된 하나의 역사적 체제였다. 지금까지 우리는 이것의 득실을 평가하고, 그 다음에는 그 자체의 균형을 유지하는 데 필수적인 조정과정들에 가해진 긴장들을 제시하려고 했다. 또한 어째서 그 체제가 분기점들에 도달하고 있으며, 또 도달해왔는가 하는 이유들을 간접적으로 제시하였다. 지금 우리는 약 50년 이상 지속될지 모르는, 폭포처럼 줄기찬 분기의 과정 한가운데 있는 것 같다. 어떤 새로운 역사적 질서가 등장하리라는 것은 확신할 수 있다. 하지만 그 질서가 어떤 것일지에 대해선 확신할 수 없다.

구체적으로, 1968년 세계혁명의 결과를 첫번째 분기의 상징으로 볼 수 있을 것이다. 이 세계혁명의 결과는 제2의 분기까지 이어졌는데 여기에는 1989년의 이른바 공산주의의 붕괴가 포함되어 있다. 1968년 세계혁명의 다양한 지역적 양상들 속에서 드러난 것은 당연히 자본주의 문명에 대한, 그리고 이 문명의 직접적이고도 주된 지지구조, 곧 세계체제 내 미국의 헤게모니에 대한 반란의 표현이었는데, 그러한 미국의 헤게모니는 소련도 공모자로서 가담하고 있는 것으로 볼 수 있다. 뿐만 아니라 그것은 모든 낡은 반체제운동들——다시 말해 서구의 사회민주주의와 사회주의권의 공산당들 그리고 제3세계의 민족해방운동들——을 비효율적인 실패작으로서, 심지어 기존 세계체제를 암묵적으로 정당화해준 것으로서 거부하는 의사표현이기도 하였다.

1968년의 혁명가들은 개혁주의와 계몽주의적인 가치들 그리고 국가가 변혁을 위한 정치적 수단이라는 신념을 모두 똑같은 것으로 간주했다. 그들은 이 세 가지 모두에 반대했다. 1968년의 혁명가들이 걸치고 있었던 대항문화라는 옷은 (흔히 말하듯) 개인주의 일반에 대한 긍정이라기보다는, 오히려 개인의 여러 열망들 가운데 하나(즉 개인의 자아실현에 대한 열망)에 대한 일종의 긍정이자 이에 상반되는 욕망(즉 이기적인 소비주의)에 대한 일종의 거부였다.

　세계 곳곳에서 일어난 1968년의 사건들은 최초 분기들의 전형적인 형태를 따랐다. 사회적 정서가 극도로 동요했다. 이 사건들은 자본주의 문명에서 그처럼 안정화 요소로 구실했던 국가구조들 자체의 광범위한 정당화를 처음으로 심각하게 손상시킨 하나의 파열이었다. 물론 1968년의 혁명가들의 직접적인 요구사항은 한편으로는 국가 사회정책의 여러 조정들에 의해서 충족되었으며, 다른 한편으로는 공권력에 의해 억압되었다. 조정은 자본주의 세계경제의 주변부에서보다는 핵심부에서 더욱 빈번하게 이루어졌으며, 사회주의국가들에서는 가장 드물게 이루어졌다. 오히려 브레즈네프 시대의 침체기는 1968년의 요구들에 대해 특히 억압적이었다. 주변부지역들에서 조정이 적게 이루어질 수밖에 없었던 이유는, 이들 지역이 세계적 축적의 과정에서 그다지 유연성을 가질 수 없었기 때문이다. 이들 국가의 구조들은 한결같이 콘드라티에프의 B국면에서 심각한 재정적 압박을 겪었으며, 국가구조에 대한 저항을 돈으로 무마할 만한 위치에 있지 못했다. 게다가 이들 정부들은 대개 반체제운동 세력이 집권한 정부였는데, 이는 바로 그런 유의 운동들이 보통 정부정책에 가하는 압력을 이들 국가에서는 볼 수 없었음을 뜻하는 것이었다.

　하나씩 하나씩 이들 정부들은 이전의 상태로 돌아갔으며, 기름값 하락과 채무분규, 무역조건의 악화로 말미암아 국제통화기금(IMF)의 지도체제 아래로 들어갈 수밖에 (그리하여 국가의 정당성을 상실할 수밖에) 없었다. 이들 가운데 마지막으로 동유럽의 공산주의 정권들이 무너졌으며, 이제 이 체제들은 다른 제3세계 국가들과 같은 길을 걷게 되었다. 그리하여 줄기찬 분기들의 폭포 속에서 두번째의 분기는 1989년으로 상징되는 것이다. 언뜻 보기에 그것은 1968년과는 아주 딴판인 것 같지만, 실상은 비슷한 주제들을 추구했다. 곧 세계체제 내에서 국가주도의 개혁주의 노선을 통해 평등을 실현할 가능성에 대한 환멸이 바로 그것이다.

이같은 공산주의체제들의 붕괴는 1968년의 사건들보다도 자본주의 문명의 안정성에 훨씬 더 큰 타격을 주었다. 얼마 전까지만 해도 몇몇 반체제운동들의 실패를 놓고, 그것들이 쏘비에뜨 모델을 제대로 본뜨지 못했고, 따라서 본디부터 취약한 것이었다고 변명하는 사람들이 있었다. 하지만 쏘비에뜨 모델조차 무너져버렸을 때, 그것도 내부적 환멸을 통해서 무너져버렸을 때, 진보적 사회변혁이 꾸준히 이루어질 가능성은 아주 요원해진 것으로 보였다. 레닌주의에 대한 희망의 상실은 실은 중도적인 자유주의에 대한 희망의 상실이었다. 구 공산주의국가들이 세계체제의 비핵심부지역이라는 범주 속으로 그대로 재통합되어버렸다고 볼 수 있다. 이 두번째 분기의 특별한 점은, 그것이 1918년 이후나 1945년 이후의 민족주의적 탈식민지화의 경우들처럼 낙관적인 (그리고 체제를 안정시키는) 어떠한 효과를 가져오지 않고 국가구조를 해체하는 결과를 잇따라 수반했다는 점이다. 윌슨주의가 내세운 민족자결주의가 아직 그 효력을 완전히 상실하지 않았을진 모르겠으나, 분명히 한물간 것이 되어버렸다.

그렇다면 자본주의 문명은 어디로 가고 있는 것일까? 한편으로 자본주의 세계경제는 진부하고 판에 박힌 길을 따라——다시 말해 (아마도 미국과 협력관계에 있는) 일본을 한 축으로 하고 (서)유럽을 다른 한 축으로 하는 축적의 주요 양축을 다시 형성하면서——꾸준히 앞으로 나아갈 것이다. 그들 사이에서, 21세기 초에는 새로운 독점 생산부문들을 기반으로 하여 세계 생산의 새롭고 중요한 팽창이 한차례 나타날 것이다. 하지만 세계 예비노동력 자원의 수축으로 말미암아 종전과 같은 고도의 축적률을 유지할 수 있을는지는 확실하지 않다.

이러한 팽창으로 어쩔 수 없이 보수(報酬)와 사회구조는 한층 더 양극화될 것이다. 왜 이것으로부터 도저히 감당할 수 없는 긴장이 정치적 정당화에 가해지는지에 대해서는 이미 살펴본 바 있다. 그리하여 우리는 엄청난 지방적·지역적 그리고 세계적인 혼란의 시기, 분쟁의 시기에 돌입하고 있는데, 이 분쟁들은 20세기 미국-독일 간의 세계전쟁들이나 그에 뒤따라 일어난 민족해방전쟁들보다 훨씬 덜 조직화된 (따라서 훨씬 더 억제하기 힘든) 것들일 것이다.

정치적 정당화에 대한 긴장, 그리고 이 딜레마를 억제할 능력의 결핍은 지구문화적 과제들의 딜레마를 억제했던 진보에 대한 신념의 해체로 이어지게 된다. 전능한 개인이 실제로 역사의 주체임을 사람들이 더이상 믿지 않기 때문에, 그들은 집단들의 보호를 추구하게 된 것이다. 새로운 지구문화적 주제는 이미 선언된 바 있다. 곧 '문화'라든가 혹은 좀더 정확히 말해서 '문화들'이라고 하는 아주 애매모호한 개념의 외피를 두른 구체성(identity)이라는 주제가 바로 그것이다. 그러나 이 새로운 주제도 그저 지구문화적 과제의 새로운 딜레마를 만들어낼 뿐이다. 한편으로 다양한 정체성들에 대한 요청은 모든 '문화들' 사이의 평등에 대한 요청이다. 다른 한편으로 그것은 특수성에 대한 요청이며, 따라서 모든 '문화들'의 암묵적인 계서제에 대한 요청인 것이다. 이 두 개의 모순적인 욕구 사이에서 사람들이 행동할 때, 이 '문화들'을 가진 집단들의 경계는 끊임없이 재규정될 것이다. 그러나 '문화들'이라는 개념 자체는 이러한 경계들의 안정성을 가정한 바탕 위에 서 있는 것이다.

따라서 사방팔방에서 여러 폭발들이 일어날 것으로 예견된다.

자신의 '문화들'이 현재의 특권에서 배제되어 있다고 생각하는 사람들은 집단의 불평등에서 빠져나오려 할 것이며, 그런 정치적 탈출구를 마련할 수 있는 세 가지 정치적 메커니즘에 눈을 돌릴 것이다. 한 가지 메커니즘은 근본적으로 이체성(異體性, alterity)을 양성하는 것이다. 두번째 메커니즘은 효과적인 군사력을 갖춘 대규모의 단위조직을 구성하는 것이다. 세번째는 문화적 경계들을 개인적으로 뛰어넘는 것으로서, 곧 개인적인 '문화적' 상승을 통한 도피이다. 이들 메커니즘 가운데 어느 것도 새삼스러울 것은 없으며, 모두 다 이전까지 변혁의 수단으로서 국가권력을 획득하려는 국가 중심적인 개혁주의적／사이비 혁명주의적 추구에 부수되어왔던 것들이다. 개인들의 집단적 힘이 이제는 특정 집단들의 힘으로 대체되고 있는 것이다.

다가올 25~50년 안에, 아마도 남과 북에서 여러 형태의 혼란이 나타날 것이다. 남에서는 20세기를 풍미했던 민족해방운동들이 아마도 자취를 감출 것이다. 그것들은 좋든 나쁘든 맡은 바 역사적 역할을 다했다. 이 운동들에 더이상의 역할이 남아 있다고 믿는 사람은 거의 없다. 그대신 지난 20년간 눈에 띄게 부각된 세 가지 선택이 우리 앞에 놓일 것이다. 나는 이를 호메이니(Khomeini)식 선택, 사담 후세인(Saddam Hussein)식 선택 그리고 '보트 피플' (boat people)식 선택이라 부르겠다. 자본주의 문명의 균형이라는 관점에서 볼 때, 이들 각각은 모두 똑같이 혼란을 부르는 것이다.

호메이니식 선택은 근본적으로 이체성의 선택이며, 세계체제의 규칙에 따라 움직이는 것을 총체적이고도 집단적으로 거부하는 선택이다. 웬만한 규모의 집단이 충분한 집단적 자원을 가지고 이 선택에 참여한다고 할 때, 그것은 체제의 균형에 대한 중대한 도전이 될 수 있다. 단 한 건의 사례라면 아주 어렵기는 해도 잠재

2. 앞으로의 전망 173

울 수 있을지 모른다. 그러나 동시에 여러 건의 폭발이 일어난다
면 그것은 일대 혼란을 빚어낼 것이다.

사담 후세인식 선택은 이와는 아주 다르지만 다루기 어려운 것
은 마찬가지다. 이 노선은 북(北, the North)과 실제 전쟁을 치르
려는 목적에서 고도로 군사화된 대규모 국가를 창출하는 데 투자
하는 것이다. 이 선택은 쉽게 따를 수 있는 것은 아니며, 페르시
아만 전쟁 이후 일견 북은 별다른 어려움 없이 이에 대응할 수 있
게 된 것 같기도 하다. 하지만 겉으로 드러난 현상들에 현혹되어
서는 안된다. 이 선택이 점점 더 많은 국가들의 정책이 됨에 따라
서, 여기에 맞서는 것도 점점 더 어려워질 것이다. 사실상 이라크
에서조차 완전한 군사적 패배가 사담 후세인식의 선택을 완전히
끝장내지는 못했음을 놓치지 말아야 할 것이다.

마지막으로 '보트 피플'식 선택이 있는데, 이는 좀더 잘사는 나
라들로 불법이주하려는, 즉 남에서 북으로 빠져나가는 가계들의
거대한 그리고 억누를 수 없는 욕구이다. 보트 피플은 송환될 수
도 있겠지만, 이것이 그렇게 쉬운 일은 아니며, 게다가 많은 사람
들이 계속 몰려들 것이다. 다가올 25~50여 년에 걸쳐 이러한 남·
북이민에 성공하는 가계들의 수는 엄청나게 불어날 전망이다. 물
질적 조건의 격차와 인구의 격차라는 이중의 현실로 말미암아 북
의 어떠한 국가정책도 이러한 흐름을 진정 효율적으로 저지할 성
싶지는 않다.

그렇다면 경제적으로 여전히 활기를 띠는 북에서는 어떤 일이
일어날 것인가? 북에서조차 국가구조의 효율성이 떨어지고 있음
은 이미 서술한 바와 같다. 인구균형의 변동으로 말미암아 자본주
의 세계경제의 핵심부지역들에서 '내부의 제3세계' 현상이 광범위
하게 나타날 것이다. 북아메리카는 오늘날 남의 성격을 띠는 최대

의 집단을 가지고 있다. 서유럽이 그 뒤를 좇고 있다. 북의 그 어느 나라보다도 더 튼튼한 법적·문화적 장벽을 쌓아온 일본에서조차도 이런 현상이 나타나고 있다.

국가구조가 쇠약해짐에 따라 나타나는 인구상의 변화는 다시 국가구조를 더욱 약화시키기 마련이다. 핵심부지역들에서는 다시 한번 사회적 혼란이 통상적인 것이 될 것이다. 지난 20여 년간 범죄의 증가라는 그릇된 제목 아래 이에 대한 많은 토론이 이루어져왔다. 앞으로 우리가 직면하게 될 것은 다름아닌 내전 상태의 증가인 것이다. 이는 혼란의 시기임을 드러내주는 모습이다. 보호를 위한 아귀다툼은 이미 시작되었다. 국가는 보호를 제공해주지 못한다. 그것은 한편으로 국가들에 돈이 없기 때문이며, 또 한편으로 정통성이 없기 때문이다. 그대신 우리는 사적인 보호를 위한 군대 및 경찰조직의 확산——예컨대 다양한 문화집단들이나 법인체적 생산조직들, 지역공동체 또는 종교단체들, 그리고 물론 범죄조직들 따위에 의한——에 직면하게 될 것이다. 이를 두고 무정부상태라고 해서는 안된다. 차라리 그것은 결정론적 혼돈이라고 해야 할 것이다.

우리는 어디로 빠져나오게 될 것인가? 그것은 혼돈으로부터 새로운 질서가 나오는 법이기 때문이다. 우리가 확실히 알 수 있는 것은 오직 한 가지뿐이다. 이는 자본주의 문명이 끝장날 것이며, 그 문명 특유의 역사적 체제가 더이상 존속할 수 없으리라는 점이다. 이 이상으로 더 말할 수 있는 것이 있다면, 그것은 있을 수 있는 몇가지 역사적 궤적들의 윤곽을 그려 보이는 것, 다시 말해서 전혀 예측할 수 없는 제도적 세부사항은 접어두고 굵은 윤곽을 대충 잡아보는 정도일 것이다.

세계체제의 역사에 비추어볼 때 세 가지 유형의 사회적 처방이

있음직하다. 하나는 일종의 신봉건주의 같은 것인데, 이는 혼란의
시대에 나타나는 전개양상들 —— 분할된 주권들, 훨씬 더 자급자
족적인 지역들, 지역적 계서제들로 이루어진 세계 —— 을 훨씬 더
안정된 형태로 재현할 것이다. 이런 체제는 상대적으로 높은, 현
재의 기술 수준을 (아마도 더 끌어올리지는 않겠지만) 그대로 유
지하는 일을 감당해낼 수 있도록 조직될 것이다. 자본의 끊임없는
축적이 더이상 이런 체제의 원동력으로 기능할 수는 없겠지만, 그
래도 이 체제는 틀림없이 불평등한 체제가 될 것이다. 무엇이 그
것을 정당화해줄 것인가? 어쩌면 계서제의 필연성에 대한 신념으
로 복귀하는 것이 그런 구실을 할지도 모른다.

두번째 처방은 일종의 민주주의적인 파시즘 같은 것이다. 그것
은 카스트제도처럼 세계를 두 개의 계층으로 나누고, 어쩌면 1/5
가량의 세계인구가 그 상위계층에 편입되는 그런 체제가 될 것이
다. 이 상위계층 내에서는 상당한 정도로 평등주의적인 분배가 이
루어질 수도 있다. 이처럼 커다란 집단 내부의 그런 이익공동체를
기반으로 하여, 이 계층은 나머지 80%의 세계인구를 완전히 무장
해제된 노동프롤레타리아의 지위에 묶어둘 힘을 갖게 될 것이다.
히틀러의 새로운 세계질서도 바로 이같은 전망을 품고 있었다. 그
것은 실패였다. 그러나 그때 그것은 상위계층의 범위를 너무나 좁
게 잡는 식으로 된 것이었다.

세번째 처방은 훨씬 더 급진적이며 세계적 규모에서 고도로 탈
중심화되고, 고도로 평등주의적인 세계질서가 될 것이다. 이것은
셋 가운데 가장 유토피아적인 것으로 보일지 모르겠지만, 그래도
배제하기는 어려운 것이다. 이러한 종류의 세계질서는 과거 수세
기 동안 매우 지적인 명상들 속에서 예시되어왔다. 정치적으로 정
교화하고 기술적으로 노련미가 더해감에 따라, 이는 실행 가능한

것이 되기는 했으나 그렇다고 확실한 것은 결코 아니다. 이를 실
현하기 위해서는 소비지출에 대한 어떤 실질적인 제한들을 받아들
이는 일이 필요하다. 그러나 이것은 단순히 빈곤의 사회화를 의미
하는 것은 아니다. 왜냐하면 그렇게 되면 이는 정치적으로 실현
불가능하게 될 것이기 때문이다.

　다른 가능성들도 있지 않을까? 물론 있다. 우리가 인식해야 할
중요한 사항은 세 가지 역사적 선택들 모두가 실제로 존재하는 것
이며, 선택은 앞으로 50여 년간 우리가 취하게 될 전세계 집단적
행동에 달려 있다는 점이다. 어떤 선택을 하건, 그것은 역사의 종
언이 아니라 진정한 의미에서 그 시작이 될 것이다. 인간의 사회
적 세계는 우주의 시간에서 보면 아직도 매우 젊은 것이다.

　2050년이나 2100년에 자본주의 문명을 되돌아본다면 우리는 무
슨 생각을 하게 될까? 우리는 상당히 불공정한 판단을 내릴 수도
있을 것이다. 새로운 체제에 대하여 어떤 선택을 하든간에, 막 지
나온 체제, 즉 자본주의 문명의 체제를 깎아내릴 필요가 있다는
생각이 들지도 모른다. 우리는 자본주의 문명의 악들을 강조할 것
이며, 그것이 성취한 것이면 무조건 무시하게 될 것이다. 3000년
경에 이르면 그것은 인류사의 흥미진진한 실천으로, 다시 말해 예
외적이고도 상궤를 벗어난 시기이기는 하지만 틀림없이 좀더 평등
한 세계로 가는 아주 긴 이행에서 역사적으로 중요한 순간으로 기
억될지도 모른다. 아니면 그것은 본래 인간 착취의 불안정한 형태
였으며, 그후의 세계는 그보다 훨씬 더 안정된 형태의 체제들로
복귀했다고 기억되는지도 모른다. 영광이란 이렇게 덧없는 것!

역자 후기

이매뉴얼 월러스틴은 1930년 뉴욕에서 태어났다. 그는 학사, 석사, 박사 등 모든 학위를 컬럼비아대학에서 받았다. 학위취득 후에도 그는 사회학 교수로서 10여 년 동안 이 대학에 재직했다. 그의 석사학위논문은 「매카시즘과 보수주의자」("McCarthyism and Conservative") (1954) 였으나, 1955년부터 1970년까지 약 15년 동안의 그의 주요 연구분야는 아프리카였다. 그는 『독립의 길: 가나와 아이보리 코스트』(*The Road to Independence: Ghana and the Ivory Coast*) (1959년 제출, 1984년 출판)로 박사학위를 받았으며, 1961년에 『아프리카: 독립의 정치학』(*Africa: the Politics of Independence*), 그리고 1967년에 『아프리카: 통합의 정치학』(*Africa: the Politics of Unity*)을 출간했다.

그가 컬럼비아대학을 떠나게 된 것은 1968년 이 대학에서 일어난 학생운동에 적극 동조하고 참여함으로써 보수적인 동료 교수들의 눈총을 받게 되었기 때문이다. 그는 1970년에 스탠포드대학의 행동과학연구소로 잠시 옮겼다가, 이듬해에 몬트리올의 맥길대학(McGill University)에서 자리를 얻을 수 있었다. 그후 1976년에는 빙엄튼의 뉴욕주립대학(State University of New York at Binghamton)에서 사회학 교수직을 얻게 되었으며, 그후 오늘날까지 약 25년간 그 자리를 지켜왔다.

　그는 이 대학의 '경제, 역사적 체제, 문명의 연구를 위한 페르
낭 브로델 센터'(Fernand Braudel Center for the Study of Economies,
Historical Systems, and Civilizations)의 소장직도 아울러 맡고 있는
데, 이 연구소를 통하여, 그리고 이곳에서 발간하는 『리뷰』
(Review)지를 통하여 세계체제론을 정립하고 실증하는 일을 꾸준
히 수행해오고 있다. 1974년에 그의 『근대세계체제』 제1권이 나왔
고, 1980년과 1988년에 2권, 3권이 각각 출간되었다. 그 사이에
『리뷰』지를 비롯하여 여러 곳에 실린 논문들을 엮은 『자본주의 세
계경제』(1979)와 『세계경제의 정치학』(1988) 등이 출간되었다.

　그중에서도 1983년에 출간된 『역사적 자본주의』(Historical Capital-
ism)는 세계체제로서의 자본주의에 관한 그의 견해를 집약적으로
나타낸 것으로서 이를 전후한 그의 많은 저작은 모두 이를 위한
실증작업이요, 이를 부연설명한 것이라 해도 과언이 아닐 것이다.
월러스틴 자신이 인정하고 있듯이 여기서 제시된 그의 견해가 자
본주의의 모든 특징들을 진실되게 지적한 것이라고는 하기 어렵
다. 아직도 실증되고 논의되어야 하며, 밝혀지고 심지어 수정되어
야 할 점들이 적지 않은 것이 사실이다. 그러나 자본주의에 관한
그의 세계체제론적 해석과 설명은 절대주의와 중상주의, 시민혁명
과 산업혁명, 제국주의와 세계전쟁, 민족주의운동과 사회주의운동
등 근대사연구의 중요 테마이자 문젯거리를 올바르게 이해하기 위
한 새로운 시각과 패러다임을 제공하고 있는 것 또한 사실이다.
특히 소련과 동유럽의 이른바 현실 사회주의국가들의 붕괴로 사회
주의의 종언이 선언되고 자본주의의 승리와 정당성이 구가되고 있
는 오늘날, 이들 사회주의운동의 본질을 이해하고 그것이 기여한
바와 그 한계를 제대로 평가하는 데, 그리고 자본주의의 본질과
그 이해득실을 파악하고 그 현재와 미래를 올바르게 내다보는 데

그의 자본주의 해석은 중요하고 유용한 길잡이가 될 것이다.

　당초 계획으로는 『역사적 자본주의』와 함께 월러스틴, 아리기 (G. Arrighi) 및 홉킨스(T. K. Hopkins) 공저의 『반체제운동』(*Antisystemic Movements*) (1989)을 옮겨 실을 생각이었는데, 저자의 뜻에 따라 그가 1991년 11월 19일과 21일에 홍콩의 중문(中文)대학 객원교수로서 행한 강의인 '자본주의 문명'(Capitalist Civilization)을 함께 옮기기로 하였다. 실제 번역작업은 필자가 『역사적 자본주의』를, 백영경양이 '자본주의 문명'을 맡았는데, 유려한 문장보다는 정확한 뜻의 전달에 더 유념하였다. 이 번역초고를 서울대 서양사학과 박사과정에 재학중인 성백용군이 크게 손질하였으며(그는 실은 공역자나 다름없다), 마지막으로 필자가 전체를 다시 검토하는 과정을 밟았다. 이렇듯 역자들 나름대로 애는 썼지만, 원문 자체가 워낙 압축된 내용을 꽤 까다로운 문장으로 표현한 것이어서 저자의 뜻을 제대로 옮길 수 있었는지 근심되는 바가 적지 않다. 독자 여러분의 기탄없는 질정에 힘입어 미처 깨닫지 못한 오류나 착오가 시정될 수 있기를 바란다.

　끝으로 우리말 번역이 이미 한두 군데서 나와 있는데도 불구하고 다시 이 책의 번역을 제안한 창작과비평사의 깊은 뜻에 공감과 경의를 표함과 동시에 그 일을 맡겨주신 후의와 신뢰에 대해서 감사드린다. 한국어 번역판을 위하여 서문을 써 보내주신 원저자 월러스틴교수에게도 아울러 깊은 사의를 표한다.

1993년 3월 18일

나 종 일

창비신서 119
역사적 자본주의 / 자본주의 문명

초판 1쇄 발행 / 1993년 3월 30일
초판 17쇄 발행 / 2021년 6월 16일

지은이 / 이매뉴얼 월러스틴
옮긴이 / 나종일·백영경
펴낸이 / 강일우
펴낸곳 / (주)창비
등록 / 1986년 8월 5일 제85호
주소 / 10881 경기도 파주시 회동길 184
전화 / 031-955-3333
팩시밀리 / 영업 031-955-3399 편집 031-955-3400
홈페이지 / www.changbi.com
전자우편 / human@changbi.com